일일 일책(日日 一册)

열혈 독서

박종순 목사 지음

나침반

독서의 문을 열며

대학에 입학해서 이메일을 만들었습니다.

천리안 통신을 사용하던 시대였습니다.

모든 게 신기했고 모든 것이 새로운 시대였습니다.

가장 신선한 것은 박종순이라는 실명을 사용하지 않고 닉네임을 사용할 수 있다는 것이었습니다.

저는 이름에 불만이 많은 사람이었습니다.

이름 때문에 남자인 제가 여자로 오해받는 일이 많았습니다. 대학생 오리엔테이션에서는 여자 방으로 배정을 받아 본의 아니게 여자 방에서 짐을 풀었던 일도 있습니다. 그래서 '멋지고 모든 사람들이 좋아할 만한 이름을 만들겠다'고 결심했고 처음 만든 닉네임은 '열혈 예수 청년!'입니다.

청년의 때에 강렬하게 예수님을 만났습니다.

20세 청년의 때에 펄펄 피가 끓는 삶의 자리에서 열혈 예수 청년이고 싶었습니다.

지금은 청년의 시기를 지나 장년의 시기를 살아가기에

더 이상 '열혈 예수 청년'이라는 닉네임을 사용하지 않습니다. 이제 청년이라고 하기엔 나이가 들어갑니다.

몇 해 전 청년 때부터 사용하던 컴퓨터와 일기장을 정리했습니다. 다시 우연히 보게 된 닉네임 '열혈 예수 청년!'

그리고 패스워드 '392766bible!' – 순수한 청년이고 싶었던 그 시절의 열정을 떠올려 보았습니다.

청년의 열정이 사그라지고 있는 저에게 다시 한번 피 끓는 열정을 불태우게 하는 것이 바로 책 읽기입니다.

책을 읽을 때면, 내 영혼에 아직도 열혈 예수의 피가 살아 있는 것을 경험합니다. 핏속에 잠재되어 있던 열정을 다시 끌어올리는 것이 어렵지 않습니다. 단 한 권의 책으로도 충분합니다. 내 안에 잠자고 있던 열정을 책이 일깨워줍니다. 내 영혼에 흐르고 있는 예수님을 향한 열정은 사그라진 것이 아니었습니다. 잠시 잊고 있었을 뿐입니다.

책을 쓰며 다시 「열혈 독서」라는 제목을 사용해 보았습니다.

책을 읽는 것도 열정이 있어야 합니다. 특별하게 은사를 받고 태어난 것이 없지만 열심히 하는 것에는 특별한 은사가 필요 없어 그런대로 열심히 살아왔습니다. 그러나 열심히 산다고 모든 것이 잘 되는 것은 아니었습니다.

공부도 열심히 했지만 잘하지 못했습니다. 목회도 열심

히하지만 소위 대형 교회나 사람들의 입에 오르내리는 잘 나가는 교회의 목회를 해보지 못했습니다. 열심히 하면 할 수 있다고 배웠지만 배운 대로 살 수 있는 것은 아니었습니다. 학교에서 가르쳐준 대로 살 수 없다는 것을 요즘 깨닫기 시작했습니다.

열심히 하는 것이 잘하는 것을 보장해 주지는 않습니다.

열심히 하는 것과 잘하는 것은 별개의 일입니다.

저는 그것을 이제야 깨달을 정도로 둔한 사람입니다.

설교도 열심히 합니다. 회개도 열심히 외치고, 성도들에게 눈치 없이 헌신도 열심히 강조합니다. 그러니 열심히란 것이 나를 만나면 오히려 문제를 일으키기 일쑤입니다. 다듬어지지 않은 열정과 열심은 오히려 사람들을 불편하게 만들기도 합니다. 상처받는 영혼들이 생겨났고 저도 상처받은 영혼이 되어 점점 움츠리게 되었습니다. 위축된 마음은 점점 저를 소극적인 사람으로 만들었습니다. 이렇게 초라해져 가던 저에게 마지막 용기를 준 것이 책 읽기입니다.

다시 용기를 내기까지 몇 번이나 주저했습니다.

그런 나에게 열심이란 녀석이 실력 발휘를 했습니다.

바로 책 읽기입니다.

열심히 책을 읽었습니다.

책을 읽는 것에도 열정이 필요합니다.

그래서 열혈 독서입니다.

독서를 중단한 사람이라면 다시 열정을 불태워보시길 권합니다. 열정이 있으면 당신도 '독서 광'이 될 수 있습니다.

특별한 성공의 비결은 없습니다. 다만 열심히 읽었습니다. 그러나 약간의 방법과 도움을 받으면 더 잘 읽을 수 있기에 책을 읽으면서 경험한 삶을 나누고 싶어 생각을 정리하고 써놓았던 글 모음들을 엮어서 책을 만들었습니다.

목회자가 되기 전 열심히 책을 읽던 시절이 있었습니다.

목회자가 되니 성경을 읽어야 할 것 같았습니다.

열심히 성경만 읽었습니다. 열심히 성경만 읽을 수 있는 것도 제게는 큰 복이었습니다.

성경만으로도 충분합니다.

성경과 함께 책을 읽어야 함을 어렴풋이 느끼던 어느 날 새로운 독서에 도전하게 되었습니다. 하루에 한 권의 책 읽기입니다. 누가 하루에 한 권씩 읽으라고 권면하거나 숙제를 준 것은 아닙니다. 그냥 '하루에 한 권은 읽어야 하지 않을까?'라는 막연한 생각이었습니다. '일생에 5천 권은 읽어야 하지 않을까?'라는 생각에 은퇴할 때까지 한 권씩 읽으면 대략 가능할 것 같아 정한 것이 바로 일일 일책!

'하루에 한 권의 책을 읽자'입니다.

하루에 한 권의 책을 읽기 위해 사력을 다했지만 쉽지 않았습니다. 하루는 책 한 권을 읽은 것밖에 없는데 몸살이 났습니다. 그만큼 책 읽기는 대단한 에너지를 요구하는 일이었습니다.

일일 일책을 하자고 마음먹은 지 4년이란 시간이 지나고 이제는 5년 차가 되었습니다.

이제는 하루에 한 권 정도(300페이지 기준)는 거뜬하게 읽을 수 있게 되었습니다. 물론 일일 일책이 단숨에 이루어진 일은 아닙니다. 이제 마음만 먹으면 (300페이지 기준) 한 권 정도는 몇 시간 만에 읽을 수 있게 되었습니다. 그러기까지 좌충우돌하면서 알게 된 경험을 나누고 싶습니다.

책 읽기를 해야 한다고 생각하고 있다면 독서의 삶으로 초대합니다.

하루에 한 권의 책을 읽는 일은 쉽지 않습니다.
하지만 불가능한 일은 아닙니다.
우리 안에 있는 주님이 주신 열정이라면 충분히 가능합니다.

하루에 한 권의 책을!
박종순 목사

목차

제1부 열

독서에는 반드시 자극이 필요하다

독서의 광인(큰 멘토)을 만나라

제2부

하루에 한 권의 책 읽기

 2 하루에 한 권의 책 읽기

제3부

독

무엇을 읽고 어떻게 읽어야 할까?

 3 성경만 읽는 당신 vs 다양한 독서를 병행하는 당신

제4부  서

읽으면 일어나는 변화

 4 버리기 – 책을 읽어 가면 알게 되는 버려야 할 것

열

독서에는 반드시 자극이 필요하다

독서의 광인(큰 멘토)을 만나라

광인 : 독서를 시작한 사람들

광인(光人)은 시작해야 가능합니다.

처음에 시작하든, 중간에 시작하든, 마지막에 시작하든 시작해야 합니다.

시작하지 않고는 광인이 될 수 없습니다.

광인은 시작하여 멈추지 않는 사람입니다.

멈추지 않기에 사람들의 시선에 그들은 광인입니다. 마치 영원히 멈출 수 없는 사람처럼 보입니다. 그들은 멈추는 법을 몰라서 멈추지 않는 것이 아닙니다. 도저히 멈출 수 없는 그 무엇을 만났기 때문에 멈출 수 없는 것입니다. 그

에너지가 멈추지 못하게 합니다. 그래서 광인이 됩니다.

독서의 광인이 되려면 시작해야 합니다.

'천 리 길도 한 걸음부터'입니다. 독서의 광인들도 첫 단어, 첫 줄, 첫 단락, 첫 문장에서부터 시작했습니다. 독서는 첫 단어, 첫 단락, 첫 문장부터 시작해야 책 한 권을 읽을 수 있습니다.

책을 읽어야 한다는 것을 모르는 사람은 없습니다.

우리 마음속에는 누가 강조하지 않아도 책을 읽어야 한다는 부담이 있습니다. 만약 목회자나 지식을 전달하는 위치에 있는 사람이라면 더 그럴 것입니다. 저도 어마어마한 책장을 배경으로 사진을 담아내는 분들을 보며 그저 부러워하기만 했습니다. 그래서 간간이 독서에 도전했고 제법 책을 읽었습니다. 하지만 언제나 거기에 머물러 있었습니다. 단지 남들보다 책을 읽고 있다는 것으로 위안을 삼았습니다. 목회자니 설교 자료가 필요했습니다. 나름 책을 근거리에 두어야 하는 필연적 삶이 그런대로 저를 안심시켰습니다.

미국 유학을 하면서 이래저래 사두거나 모아둔 책들을 보며 '이만하면 충분하다'라고 제 마음을 안심시켰습니다. 그때까지는 제가 만들어 놓은 기준 안에서 스스로 만족하는 책 읽기였습니다.

그러나 '한 만남'을 통해 그렇게도 잘 포장해온 저의 삶이 깨지는 사건이 발생했습니다. 만남은 망치가 되어서 얄팍했던 저의 생각을 깨뜨렸습니다. 살면서 광인(멘토)을 만나야 하는 이유입니다. 광인은 언제나 거기에 머물러 있는 우리의 삶에 새로운 도전을 하게 합니다.

독서도 시작하지 않으면 광인이 되지 못합니다.

　　일단 책 읽기가 시작되어야 광인(미친)이든, 광인(빛나는)이든이 됩니다. 제가 만난 광인(光人-여기서는 빛나는 사람을 지칭합니다)도 시작한 사람들입니다. 책 읽기를 시작하여 지금까지 시작한 독서가 매일매일 새로운 시작을 반복한 사람들입니다.

　　독서는 시작입니다.

　　첫 페이지를 시작하고 새 단락을 시작하고, 새로운 작가의 책을 시작하고, 새로운 장르의 책을 시작해야 합니다. 어제 시작한 독서가 오늘 끝나면 끝입니다. 그 끝에서 다시 시작해야 합니다.

　　제가 만난 광인(光人)들은 시작의 중요성을 잘 아는 사람들입니다. 그래서 광인(光人)들은 선구자입니다. 대다수의 광인(光人)들이 시작했던 자리는 척박한 사막과 같은 곳입니다. 광인(光人)들은 척박한 사막에 오아시스를 만들고 대로를 만든 사람들입니다.

광인(光人) : 영향력을 주는 사람

광인(光人)은 영향력을 끼치는 사람들입니다.

정확하게 말하면 이들은 자신들의 영향력을 다른 사람들에게 끼치려고 노력하지 않습니다. 다만 광인(光人)을 따르려고 하는 사람들이 자연스럽게 생겨날 뿐입니다.

이들의 특징은 자신들을 "따르라"라고 말하지도 않습니다. "본받으라"라고 말하지도 않습니다. 오히려 자신을 따르려고 하는 사람들 때문에 자신들의 삶이 어그러지는 일이 많습니다. 광인(光人)들은 자신의 권위를 위임하지도 않습니다. 그런데도 광인(光人)들은 영향력을 끼치는 사람들입니다.

책 읽기에 꼭 필요한 것은 영향력입니다.

책은 그 자체로 영향력이 있습니다. 책을 쓴 저자도 영향력을 끼치는 사람입니다. 책을 읽는 사람도 영향력을 전달하는 사람입니다. 그래서 영향력을 정의할 때 우리는 조심해야 합니다. 왜냐면 영향력은 선한 것이어야 하기 때문입니다. 사실 영향력은 두 가지 얼굴을 가지고 있습니다.

선한 얼굴과 악한 얼굴입니다.

광인(光人)은 선한 영향력을 끼치는 사람입니다.

영향력과 광기는 구분되어야 합니다. 영향력에 악함이 더해지면 광기가 됩니다. 광기도 엄청난 영향력을 가지고 있습니다. 때문에 우리가 만나야 할 광인(光人)은 선한 영향력을 주는 사람이어야 합니다.

제가 만난 광인(光人)도 자신의 영향력을 다른 사람에게 주려고 애쓰거나 노력하는 분이 아니었습니다. 다만 마음에 담아두고 싶은 사람들이 있을 따름입니다. 이들은 선한 영향력의 소유자들입니다. 저에게는 이런 광인(빛나는)을 만나는 축복이 있었습니다.

첫 번째 광인(光人) : 이동원 목사님

이동원 목사님은 교계에서 잘 알려진 목회자입니다.

본문 중심의 강해 설교자, 한국의 찰스 스펄전으로 불리는 이 목사님은 젊은 목회자들에게 좋은 롤 모델입니다.

제가 목사님을 처음 만난 것은 열혈 예수 청년 시절입니다. 지금의 제 나이쯤 되셨던 이동원 목사님께서 교회 부흥회를 인도하셨습니다. 그런데 이 목사님의 부흥회는 회개와 성령의 외적인 은사들을 강조하던 예전의 부흥회와는 완전히 달랐습니다. 본문을 중심으로 전달되는 말씀 한 절 한 절이 마음을 움직였습니다.

성경을 읽게 만들었습니다. 자연스럽게 이 목사님의 설교와 책을 접하게 되었습니다. 마음속에 이동원 목사님이 롤 모델이 되었습니다. 그런 목사님을 다시 만나게 된 것은 그 후로 20년이란 시간이 지나서입니다.

저는 교회를 개척했습니다.

하지만 교회는 열정 하나만으로 세워질 수 없었습니다. 많은 어려움이 시작되었습니다. 가장 큰 문제점은 준비되지 않은 목회자의 미숙함이었습니다. 열정이 성숙함을 대신할 수 없었습니다. 열정적으로 사역을 했지만 성도들도 힘들고 목회자도 힘들었습니다. 그때마다 좋은 스승을 만날 수 있기를 기도했지만 쉬운 일이 아니었습니다.

이민 목회자들이나 선교사님들에게 가장 필요하면서도 어려운 일은 좋은 스승과 목회자들을 만나는 일입니다. 물리적으로 만나기 어려운 상황이거나 영적으로 도움을 받기에 너무나도 어려운 상황과 환경 때문에 어디서부터 어떻게 시작해야 하는지조차 모른 채 목회의 현장에 뛰어들게 됩니다.

저도 예외는 아니었습니다.

개척한 지역은 렌초 쿠카몽가 지역입니다. 지금은 그런대로 조금 알려졌지만 처음 목회를 시작할 때는 미국 내에서도 남미 쪽 선교지에 교회를 개척한 줄로 오해하는 분들이 많았습니다. 그만큼 제가 처한 물리적인 상황이 좋지 못했습니다.

저는 이 목사님 목회 행정 간사님의 연락처를 알아내서

는 주저하지 않고 이메일을 썼습니다. 저의 시작은 이메일이었습니다. 그날부터 기도하며 이메일을 보냈습니다. 수많은 사역 일정으로 시간을 내기 어려우신 이 목사님의 상황과 미국과 한국이라는 물리적인 장벽으로 인해 이 목사님을 만나 뵐 수 없었습니다. 너무나도 당연한 결과였지만 저는 간절한 마음으로 자주, 그러나 매우 공손하게 이메일을 보냈습니다.

'미국에 오실 때 기회가 된다면 하루라도 좋으니 우리 교회에 방문해 주십시오'라는 내용이었습니다.

그렇게 아주 여러 번 이메일을 보내고 이 목사님의 응답을 기다리던 어느 날 '월요일, 화요일도 괜찮다면 남가주를 방문할 때 교회에 방문할 수 있다'라는 연락을 받았습니다.

이렇게 성사된 부흥회는 주 중에 이틀간 지속됐고 이때 가장 많은 은혜를 받은 사람은 바로 저였습니다.

성도들은 예배시간에 목사님을 뵈었지만 이제 막 목회를 시작한 초보 목회자인 저는 하나라도 더 배우고자 목사님께 많은 질문을 했습니다. 그때 얻은 가장 중요한 답이 바로 독서와 멘토입니다.

목사님은 폭넓은 독서를 권유하셨습니다.

목사님은 독서 방법과 일상의 삶 그리고 설교와 독서의 방법을 자세히 말씀해 주셨습니다. 이동원 목사님의 탁월

한 설교의 비밀은 '독서에서 시작되어 독서에서 끝맺는다'
는 것을 알게 되었습니다.

지구촌교회가 운영하는 필그림 하우스에 가면 이 목사님
께서 기증하신 책과 도서관을 볼 수 있습니다. 엄청난 책을
보면 이 목사님을 '광인(光人)'이라고 불러도 손색이 없을
정도입니다.

이 목사님은 미국에 오실 때마다 저를 만나주시고 멘토
가 되어주셨습니다. 목사님은 독서와 함께 "멘토가 필요하
다"라고 말씀하셨습니다. 그리고 미국에서 목회를 도와주
고 기도해 줄 멘토를 소개해 주셨습니다.

이때 독서 광인을 통해 또 다른 독서 광인(光人)을 만났습
니다. 만남이 중요한 것은 또 다른 만남을 열어주기 때문입
니다. 만남을 소중하게 다루면 만남은 반드시 선물을 남겨
줍니다.

미국에서부터 인연이 있었던 선배 목사님과의 만남을 소
중하게 여긴 결과는 생각하지도 않은 결과를 가져다주었
습니다. 작은 인연도 헛된 것이 없습니다. 하나님의 역사는
사람을 통해 이루어집니다.

제게 찾아온 두 번째 만남은 강준민 목사님과의 만남이
었습니다.

두 번째 광인(光人) : 강준민 목사님

「뿌리 깊은 영성」의 저자인 강준민 목사님은 남가주에서도 잘 알려진 목회자입니다.

너무 잘 알려진 목회자였지만 그분을 만날 기회도 방법도 알지 못했습니다. 그런데 이동원 목사님은 "강준민 목사님을 꼭 찾아가라"고 말씀하셨습니다. 필요하면 이 목사님이 써준 추천서를 사용하라고 말씀하셨습니다.

저는 하나님께서 강준민 목사님과의 만남을 열어주시길 기도했습니다. 당장이라도 찾아가 필요한 부분을 말씀드리고 도와달라고 부탁하고 싶었습니다. 전화라도 해서 당장 어려운 상황과 환경을 하소연하고 싶었습니다. 그러나 만남이란 것은 일방적인 요구와 요청이 되어서는 안 됩니다. 급하고 필요하다는 생각에서 성급한 만남을 가졌다가 귀한 만남을 망치는 경우를 종종 봤습니다.

저는 너무나도 간절한 만남이었기에 인내하며 기다리기를 택했습니다. 만남도 사람의 인연에서 하나님의 섭리로 인도함을 받는 '숙성의 시간'이 필요합니다. 하나님이 개입하셔서 일하시고 역사하실 시간이 필요합니다. 그래서 기다리며 인내하는 만남은 반드시 귀한 열매를 가져다줍니다.

이동원 목사님의 추천서를 가지고 찾아가면 쉽게 만날 수 있을 것 같았지만 저는 하나님의 인도하심을 구했습니다. 하나님이 원하신다면 하나님의 방법으로 만날 수 있기를 기도했습니다. 쉽게 만날 수 있는 방법보다는 시간이 걸려도 하나님의 인도하심을 구했습니다.

때마침 저는 교회 개척과 함께 교단의 교육에 참여하게 되었습니다. 그곳에서 하나님은 저의 기도에 응답해 주셨습니다. 함께 교단 교육에 참여했던 변은광 목사님을 통해서 강준민 목사님을 소개받을 수 있는 길이 열렸습니다.

하나님의 응답임을 확신하여 강준민 목사님께 이메일을 보냈습니다. 목사님의 답글을 읽으면서 "이분도 고수구나"라는 것을 직감할 수 있었습니다.

목사님께서는 우리 교회의 부흥회에 와주셨습니다.

부흥회는 성도들이 은혜받는 시간입니다. 그러나 제가 가장 많이 은혜받는 시간이기도 합니다.

강준민 목사님과의 만남을 통해서 광인(光人)은 광인(光人)들과의 생태계가 있음을 깨달았습니다.

광인(光人)들만의 세계가 있음을 알았습니다.

광인(光人)들은 광인(光人)들과 연결되어 있어 서로 돕고 협력하며 공유하고 자극하며 위로하며 살아가고 있는 생태계가 있음을 알았습니다.

광인(光人)들이 공유하고 있는 정보와 삶의 방식이 있었습니다. 강준민 목사님을 통해서 그것이 더욱 명확해졌습니다. 광인(光人)들이 공유하고 있는 정보의 바다는 책에서부터 시작되는 삶이었습니다.

언젠가 강준민 목사님의 서재를 둘러볼 기회가 있었습니다. 집이라기보다 도서관이라고 불릴 정도의 어마어마한 양의 책들을 보며 광인(光人)의 삶이란 기이하고 신비로운 경지임을 깨달았습니다.

강준민 목사님을 만난 날 저의 새로운 삶이 시작되었습니다. 처음 마주한 그날 강 목사님의 이야기 주제는 책이었습니다.

「사자도 굶어 죽는다」(서광원 저, 위즈덤하우스)라는 책을 추천해 주셨습니다. 저는 교회 성장과 설교를 잘 할 수 있는 노하우에 대해 듣고 싶었지만 강 목사님의 책 이야기는 끝이 없었습니다. 차라리 출판사 사장을 만나는 자리였다면 이해가 될 만한 끝없는 책 이야기로 강 목사님과의 만남은 시작되었습니다.

그 이후 목사님과의 만남은 계속되었고 목사님을 통해서 책 읽기와 글쓰기에 대한 자극을 매일 받았습니다.

목사님은 저를 비롯해 12명의 젊은 목회자들과 함께 멘토링 모임을 시작했습니다. 벌써 5년이라는 시간 동안 목사님과 함께 한 달에 한 번씩 책을 읽고 목회에 대한 다양한 의견과 시각들을 배우고 있습니다. 멘토링 모임의 가장 주된 내용은 책에 관한 것입니다. 책을 통해서 목회의 부족함을 채우고 목회자들의 역량을 넓혀가는 시간입니다.

사람은 만남을 통해서 새로운 문이 열립니다.

새로운 문이 열리면 새로운 시각과 관점이 생깁니다. 평범한 사람의 관점으로는 이해되지 않는 새로운 세상의 문을 열 수 없을 때 광인(光人)들은 그 문을 열어줍니다. 독서하는 사람이 되고 싶다면 독서의 광인(光人)이 내 주변에 얼마나 많은 지를 먼저 알아야 합니다. 이것이 독서 광인(光人)이 되는 성공의 척도입니다.

그리고 독서 광인(光人)과의 만남이 핵심입니다. 그 만남을 통해서 저도 독서 광인(光人)이 되었습니다. 이동원 목사님, 강준민 목사님, 두 광인(光人)의 공통점은 책이라고 믿습니다. 이보다 더 중요한 공통점은 확신과 실력과 분명한 정체성이었습니다.

광인(光人)을 만나면 나도 광인(光人)이 될 수 있습니다.

간절히 사모하고 기도하면 하나님은 만남이라는 사건을 통해 우리에게 필요한 것을 허락하십니다. 배우길 사모하고 앎에 대한 간절한 바람을 통해서 광인(光人)들로부터 배우는 시간이 필요합니다. 스스로 터득할 수 있는 사람이라면 독서에 대해서 고민할 필요가 없습니다. 그러나 평범한 사람이라면 반드시 광인(光人)이 필요합니다.

광인(光人)을 만나면 우리 안에 잠자고 있는 독서의 힘이 깨어납니다. 때문에 껍질을 깨고 나올 수 있도록 힘을 주는 광인(光人)이 필요합니다. 스스로 껍질을 깰 힘이 필요합니다. 스스로 껍질을 깨고 나오면 병아리가 되지만 남이 깨 주면 달걀 프라이가 됩니다. 내가 먼저 깨고 나오지 않으면 다른 사람이 나를 깨버립니다. 때문에 광인(光人)을 만나 스스로 깨어 나올 힘을 길러야 합니다.

피터 드러커의 아버지는 재정 장관을 지낸 분이었기에 그는 어려서부터 많은 사람들을 가까이할 수 있었다고 합니다.

"그는 가정적으로 탄탄한 배경을 갖고 있었다. 아버지는 오스트리아에서 재정 장관을 지낸 사람이었다. 덕분에 집에는 늘 여러 분야의 거목들이 드나들었다. 조세프 슘페터, 프리드리히 하이에크 초대 대통령, 존 캐인즈 등이 그렇다. 어머니 쪽도 막강했다 모친은 프로이트와 인연을 맺고 있었는데 그는 어린 시절 프로이트와 악수한 사실을 기억하고 있었다. 그런 고수들과의 만남, 그들로부터의 자극, 부모들의 이야기, 그들의 책 등은 알게 모르게 드러커를 지적으로 자극했고, 자연스럽게 핏속에 용해되어 그런 거목이 탄생한 것이다." - 「일생에 한 번은 고수를 만나라」(한근태

저, 미래의창 P69)

피터 드러커가 광인(光人)들을 만날 수 있었기에 그도 멋
지게 빛나는 사람이 될 수 있었습니다. 우리도 이제 광인
(光人)을 만날 준비를 해야 합니다. 저는 광인(光人)들에게
서 정신을 배웠습니다. 척박한 땅을 걸어보고, 맨주먹으로
치열한 삶을 살아보고, 체험적인 삶의 방법을 터득한 광인
(光人)들에게는 범인이 소유하지 못한 정신이 있습니다. 그
정신을 이해하지 못하면 우리는 그들을 "미쳤다"(狂人)라고
하지만 그 정신을 이해하면 "빛나는 사람"(光人)이라고 말
합니다.

제가 만난 독서의 스승들은 먼저 그 길을 떠났던 선진들
이었습니다.

독서광이 되고 싶다면 우리는 그들이 걸었던 길을 믿고
따라가야 합니다. 그들은 부지런히 자신들의 변화 과정을
경험적으로 체득하여 누구도 경험하지 못한 다른 차원의
독서 능력을 소유한 사람들입니다. 이런 고수들이 가지고
있는 안목과 식견의 깊이와 넓이와 높이가 독서에서부터
시작되었습니다.

독서의 시작은 이런 광인(光人-빛나는 사람)을 만나는 것입
니다. 겸손과 배움의 자세를 가지면 얼마든지 이런 스승을
만날 수 있습니다. 그래서 잊지 말아야 할 단어가 바로 겸

손과 배움입니다.

"광(狂)은 '미치다, 앞뒤를 따지지 않다'는 뜻으로 앞으로 나아가는데 강하지만 뒤를 돌아보는데 약하다는 맥락이다. 견(狷)은 '주저하다, 이것저것 따지다'는 뜻으로 앞으로 나아가는데 약하지만 뒤를 돌아보는데 강하다는 맥락이다." – 「마흔 논어를 읽어야할 시간」(신정근 저, 21세기북스 P285)

독서의 스승들은 우리가 미처 뒤돌아보지 않아 실수할 수 있는 부분에서 언제나 우리의 안전을 지켜주시는 분들입니다. 그분들이 있기에 우리는 앞만 보고 나아가는데 주저하지 않을 수 있습니다.

겸손과 배움의 의지만 있으면 우리는 앞으로 나아갈 수 있습니다. 광인(光人)들에게 배울 수 있는 것은 그들이 성공한 성공 신화뿐만이 아닙니다. 광인(光人)들로부터 배우는 실수는 우리의 시행착오를 줄여줍니다. 우리의 에너지가 낭비되는 것을 막아줍니다.

광인(光人)들은 실패가 없는 분들이 아닙니다.

실수와 실패 속에서도 절대 포기하지 않고 끝까지 앞만 보고 나아가는 분들입니다.

광인(光人)들은 자신들의 실수를 숨기지 않습니다.

삶을 통해서 실수와 실책을 가감 없이 보여주고 그 뒤를 따르는 사람들을 이끄는 분들입니다.

미쳐야 미친다

'미쳤다'는 말은 부정적인 언어입니다.

한국인의 정서에서 '미쳤다'는 말은 인격 모독이며 욕설이 됩니다. '미쳤다'는 말은 '정신이 온전하지 않다'는 말과 동일해서 '올바른 생각이나 판단을 할 수 없는 비정상적인 상태'를 나타내는 말입니다. 그런데 요즘 젊은 사람들은 '미쳤다'는 말을 다른 의미로 사용합니다.

"와, 미쳤다!"

이 말은 어떤 이에게는 감탄사가 되기도 합니다. 또 어떤 이에게는 '누구도 범접할 수 없는 놀라운 능력'을 뜻하기도 합니다. 또 어떤 이에게는 '너무너무 부럽고 놀랍다'는 뜻으로 사용되기도 합니다.

요즘 '미쳤다'라는 의미를 다양하게 사용하는 사람들을 봅니다. '미쳐야 미친다'라는 말은 진짜로 무엇인가에 미쳐야만 그 목표에 도달한다는 말입니다. 그래서 '미쳤다'는 단어의 새로운 의미에 대해 정의해 볼 필요가 있습니다.

우리에게 진정 미쳤다는 것은 무엇을 의미합니까?

무언가에 정신 차리고 미쳐 보기는 이 시대를 살아가는 우리에게 한 번쯤 도전해 봐야 할 과제이기도 합니다.

미쳤다는 것은 절제와 통제입니다

'미쳐야 미친다'는 정민 교수님의 책 「불광 불급」에서 찾아볼 수 있습니다.

'불광 불급'이라는 말은 '미치지 않으면 이룰 수 없다'는 뜻입니다. 다르게 말하면 '미쳐야만 도달할 수 있다'는 뜻입니다.

미치지 않고서는 절대로 원하는 성과를 쉽게 얻을 수 없습니다. 미친 사람은 자신을 절제할 수 없는 사람이 아닙니다. 미친 사람이야말로 자신을 가장 잘 절제해 최고의 전문가가 되게 만드는 사람입니다.

미쳤다고 하는 것은 이루고자 하는 간절함과 절대적인 소망에서 나오는 에너지입니다. 간절함과 절실함을 넘어서 통제할 수 없는 희망과 소망으로 변해가는 그 순간을 우리는 "미쳤다"라고 말합니다.

이렇게 미치도록 삶을 진지하게 살아낼 때 진정한 절제와 통제가 가능한 삶이 시작됩니다.

건국대 의대의 송명근 교수님은 심장 수술의 일인자로 알려진 분입니다. 송명근 교수님은 자신의 삶에 대해서 이렇게 말씀하십니다.

"심장 수술한 것까지 합하면 시술 횟수가 1만 번이 넘었다. 심장이 환히 보이기 때문에 별로 두렵지 않단다. 그래도 자기 관리를 철저히 한다. 손이 떨릴까 봐 수술 전에는 커피도 마시지 않는다. 걷기 운동을 많이 하고 손의 유연성을 위해 여러 종류의 공을 들고 팔과 손 운동을 한다.

대낮에 복면을 쓰고 다른 사람의 가슴에 칼을 꽂는 직업은 두 종류밖에 없다. 흉부외과 의사와 강도이다. 근데 그런 흉부외과 의사가 수술 전날 술을 마시거나 잠을 충분히 자지 않고 들어오는 것은 용서받을 수 없는 일이다. 무책임의 극치이다."-「일생에 한 번은 고수를 만나라」(한근태 저, 미래의창 P31)

'미쳤다'는 것은 최고의 절제를 의미합니다.

'수술에 미쳤다'고 하는 것은 수술에 필요한 것 이외의 모든 것을 절제하고 통제할 수 있는 힘이 있다는 것입니다. 한 분야에 미치기 위해 오히려 통제하고 절제해야 하는 것이 더 많습니다. 병적인 질병으로 미쳤다는 것은 절제하고 통제하는 힘을 잃었다는 것입니다.

사실 세상 사람들은 모두 무언가에 미쳐있습니다. 자신이 절제하지 못하는 것은 미쳐있는 것입니다. 그러나 '진짜 미쳤다'는 것은 그곳에 다다르기 위해 다른 모든 것을 절제하고 통제하고 있다는 것입니다. 통제하고 절제하는 힘이 너무 강력해서 '미쳤다!'라는 감탄이 절로 나올 수밖에 없는 상황입니다.

일전에 한국 야구 선수인 LG 트윈스 소속의 이병규 선수의 인터뷰를 들은 적이 있습니다. 이병규 선수는 야구를 잘하기 위해서 TV 시청, 영화는 물론 스마트폰을 사용하지 않는다고 했습니다. 야구 선수의 생명은 눈인데 그 눈이 나빠지는 것을 우려해 컴퓨터 게임은 물론 그 흔한 스마트폰도 사용하지 않는다는 인터뷰를 보았습니다.

한마디로 야구에 미친 사람입니다.

송명근 교수님도 수술에 미친 사람입니다.

수술에 미친 송명근 교수님의 실력은 자신의 삶을 통제하고 절제하는 힘에서 나오는 것입니다.

미친다는 것은 자신을 통제하지 못한다는 것이 아닙니다. 미쳤다고 하는 것은 보통 사람들이 통제하는 삶의 수준을 넘어서는 절제의 예술입니다.

미친다는 것은 철저한 절제와 훈련이 필요한 단계입니다. 그래야 자신이 이루고자 하는 목표에 도달하는 힘을 줍니다. 쉽게 미쳤다고 말하는 것은 절제와 훈련의 삶을 포기하는 말입니다. 아름다운 절제와 통제를 미쳤다고 말해 버리는 것은 절대 미칠 수 없는 포기입니다.

미쳤다고 하는 것은 부정적인 것이 아닙니다.

미쳤다고 하는 그 부정이 긍정으로 바뀌고 그 긍정의 힘이 열정으로 바뀌어 열정이 우리를 지배하는 상황을 우리는 미쳤다고 할 수 있습니다. 결국 부정 위에 긍정이, 긍정 너머에 열정이 지배하는 상태를 미쳤다고 할 수 있습니다.

사도 바울은 스스로를 광인이라고 불렀습니다.
사도 바울은 자신이 감옥에 갇혀있는 것을 제외하고 자신을 닮으라고 권면했습니다. 스스로 '예수에 미친 사람'이라고 자처했던 바울에게 하나님은 열매를 맺게 해주셨습니다.

사도 바울이 예수님에게 미친 사람이 되자 성령 하나님의 통제를 받는 사람이 됩니다. 예수님께 미치면 미칠수록 성령의 강력한 통제와 절제가 나타나기 시작했습니다. 걷잡을 수 없을 만큼 예수님과 그의 일에 미쳐가던 사도 바울이지만 성령의 지배와 절제를 받던 바울에게 성령님은 마지막 열매로 절제라는 열매를 맺게 해주셨습니다.
사도 바울을 미치게 만들었던 예수님도 사람들로부터 광인이라는 낙인을 가지셨습니다. 예수님의 공생애가 시작되어 하나님의 나라를 전파하시던 예수님을 향해 사람들은 "미쳤다"라고 말합니다. 예수님을 향해 "바알세붑 들렸다"라고 말합니다. 악한 마귀에게 사로잡혀 미쳤다는 낙인을 씌웁니다.

이런 예수님에 대한 낙인은 고향에 있던 예수님의 가족

들에게도 소식이 전해집니다. 공생애를 시작하며 집을 떠난 아들 예수의 소식은 "바알세붑에 들려 미쳤다"라는 것입니다. 예수님의 가족들은 미쳤다는 이야기를 듣고 있던 예수님을 찾아옵니다.

"때에 예수의 모친과 동생들이 와서 밖에 서서 사람을 보내어 예수를 부르니 무리가 예수를 둘러 앉았다가 여짜오되 보소서 당신의 모친과 동생들과 누이들이 밖에서 찾나이다 대답하시되 누가 내 모친이며 동생들이냐 하시고 둘러 앉은 자들을 둘러 보시며 가라사대 내 모친과 내 동생들을 보라 누구든지 하나님의 뜻대로 하는 자는 내 형제요 자매요 모친이니라"(막 3:31-35)

예수님은 누구보다도 강력한 성령의 통제와 인도함을 받으신 분입니다. 진짜 미친다는 것은 가장 강력한 통제와 임재 속으로 들어간다는 말입니다. 가장 강력한 통제와 절제 속에서 진짜로 미친다는 것이 무엇인지를 봅니다.

미국은 자동차의 나라입니다.

미국에 와서 가장 좋았던 것은 제가 좋아하는 자동차를 흔히 볼 수 있다는 것이었습니다.

저는 자라면서 영화나 TV에서 볼 수 있었던 고급 자동차에 대한 꿈과 환상이 있었습니다. 슈퍼 자동차는 아니어도 꿈에 그리던 자동차 모델들이 있었습니다. 순간 가속도가 뛰어나 100m를 단 몇 초에 주파하는 자동차를 보고 싶었습니다.

제가 살고 있는 지역에서 그리 멀지 않은 곳에 라스베이거스로 향하는 15번 프리웨이가 있습니다. 이곳에서 굉음을 내며 내달리는 슈퍼카를 종종 봅니다. 120마일(180km) 이상으로 달리는 차들의 특징은 가장 강력한 엔진을 소유하고 있다는 것입니다. 그리고 가장 비싼 브레이크 시스템을 갖추고 있습니다. 광란의 질주를 하기 위해 순간 멈출 수 있는 브레이크가 필요합니다. 광란의 질주와 브레이크는 어울리지 않는 조합이지만 미치기 위해서는 절제할 수 있는 브레이크가 필수입니다.

성령의 열매 중에 절제가 가장 나중에 나오는 이유도 동일합니다.

예수님에게 미쳐 있던 바울!

그가 온전히 미칠 수 있었던 가장 중요한 이유는 절제라는 통제와 안전 장치가 있었기 때문입니다. 이런 절제와 통제가 망가진 미침은 광신과 이단과 사이비가 됩니다. 온전히 미쳤다는 것은 철저한 통제와 절제를 의미합니다. 통제와 절제가 없는 것은 그냥 미친 것입니다.

미쳤다고 하는 것은 우직함입니다

'미쳤다'고 하는 것은 우리 스스로 통제할 수 없는 상태를 지칭하는 것이 아닙니다. '미쳤다'고 하는 것은 우직함입니다. 우직함은 성격이나 행동이 어리석어 보일 만큼 답답하고 한결같이 똑같다는 뜻입니다. 자기에게 주어진 일을 불평불만 없이 묵묵하게 해내는 사람을 우직하다고 할 수 있습니다.

'우공이산'은 우직함을 보여주는 대표적인 이야기일 것입니다.

우공이라는 아흔 살의 노인이 태행산과 왕옥산을 평평하게 해 길을 내겠다고 했다. 이에 만류하는 친구에게 우공은 "나는 늙었지만 자식도 있고 손자도 있다. 그 손자는 자식을 낳아 한없이 대를 잇겠지만 산은 더 불어나는 일이 없지 않는가? 그러니 언젠가는 산이 평평하게 될 날이 오겠지!" 라고 했습니다.

노아 역시 산에 올라 배를 만들기 시작합니다.

많은 사람들이 노아를 미쳤다고 했지만 오랜 시간에도 변하지 않는 마음으로 우직하게 배를 만들었습니다. 배를 만드는 오랜 물리적인 시간을 견디는 것도 어렵지만 그 마음을 나눌 수 있는 사람이 없다는 것은 더욱더 어려운 상황이었습니다. 그래서 우직함이란, 하나님의 섭리와 경륜의 길입니다.

사람은 아니지만 우직함 하면 떠오르는 메시지가 있습니

다. 벧세메스로 향하여 가는 어미 소의 메시지입니다.

어린 송아지를 떼어놓고 제물로 받쳐지는 길을 걸어가던 어미 소의 모습이 우직함입니다. 한 걸음 한 걸음 죽음의 길이지만 가야 하는 발걸음에서 우리는 우직함을 봅니다.

우리는 모든 것이 쉽게 변하는 세상을 살아가고 있습니다. 우직함과 미련함과 고집스러움을 구분하기 어려운 시대가 되었습니다. 우직함을 미련함과 고집스러움으로 평가하는 시대가 되었습니다. 처세에 빠르고 상황 판단을 빠르게 하는 것이 센스 있는 사람으로 평가받는 시대에 살고 있습니다.

그럼에도 사람 사는 세상에서는 우직함이 필요합니다.

우직함이 빛을 발하는 귀한 것 중 하나가 독서입니다.

책은 빠르게 읽는 것도 중요하지만 지속적으로 읽는 것이 더 중요합니다. 한 권 한 권이 쌓여서 이루어내는 결과물들은 단기간 만들어낸 결과물들과 확연히 다릅니다.

세계 문화유산으로 등재되어 있는 팔만대장경이나 조선왕조실록 같은 책들은 우직함이 만들어낸 결과물들입니다.

미쳤다는 것은 결국 지구력과 인내함을 의미합니다.

기다리고 견뎌낸 만큼만 쓰임새가 있습니다.

일본 호류사의 이야기는 우직함이 무엇인지를 잘 보여줍니다. 우직함은 쓰임의 시간을 결정합니다. 천년의 고찰을 자랑하는 호류사가 우직함을 간직한 채 천년의 시간을 견디는 이유는 천 년 동안 견뎌낸 나무를 사용하기 때문입니다. 천 년의 우직함이 있어야 또 다른 쓰임의 천 년의 우직함을 만들어 냅니다. 미쳤다는 것은 천 년의 우직함을 견뎌내는 인내와 힘입니다.

독서는 우직함이란 삶에 미쳐야만 도달할 수 있음을 알게 합니다. 책 읽기는 우직함입니다. 열혈 독서에서 가장 중요한 것은 우직함입니다.

책 읽기에 특별한 능력이 요구되지 않습니다.
책 읽기에 특별한 은사가 요구되지 않습니다.

아직 책 읽기에 자신이 없다면 책 읽기에 특별한 능력이 없는 것이 아니라 우직함이 없는 것입니다.

책은 눈으로 읽고 머릿속에 그 내용을 담아 뇌로 읽는 것이기도 하지만 책은 엉덩이로 읽는 것입니다. 우직함은 눈과 뇌에도 연관되어 있지만 우리의 신체 중에서 가장 연관성 있는 곳은 엉덩이입니다.

열혈 독서는 적어도 엉덩이가 무거워 책을 집으면 그 책을 모조리 읽을 때까지 엉덩이가 견디는 힘이 있는 것입니다. 엉덩이의 지구력을 기르고 힘을 기르면 우리는 이미 독서 목표 지점에 도착할 가능성이 높아집니다.

책을 읽기로 마음먹었다면 견딤의 시간이 필요하다는 것을 알아야 합니다. 오랜 시간 "미쳤구나"라는 소리를 들을 때 우리는 시간의 우직함이 가져다주는 엄청난 열매를 경험할 수 있습니다.

미쳤다는 것은 즐거움입니다

미친다는 것은 무엇과도 바꿀 수 없는 즐거움에 빠진다는 것입니다.

종종 "게임에 미쳤다, 영화에 미쳤다, 자동차에 미쳤다, 음악에 미쳤다, 연극에 미쳤다"라는 이야기를 듣습니다. 이때 미쳤다는 것은 '즐거움에 푹 빠졌다'는 것입니다.

즐거움에 빠진 사람들은 세상이 경솔하게 내뱉는 조롱과 모욕을 견뎌 낼 수 있을 뿐만 아니라 오히려 기뻐하고 즐거움을 전염 시키기도 합니다.

코로나 바이러스 사태로 인해 전염의 능력을 확인하고 있는 이 시대에 코로나바이러스가 전염이 되듯이 미친 듯 보이는 열정도 쉽게 전염이 됩니다. 그 열정은 즐거움의 연료가 됩니다. 걷는 사람 위에 뛰는 사람이 있고 뛰는 사람 위에 나는 사람이 있고 나는 사람 위에 즐기는 사람이 있습니다. 즐기는 사람을 이길 자는 없습니다.

책 읽기도 즐거움을 경험해야 합니다.

책 읽기의 즐거움에 빠지면 목표했던 책 읽기에 도달할 수 있습니다. 책 읽기에 실패하는 사람의 공통점은 책 읽기의 재미를 발견하지 못했다는 것입니다. 사람마다 그 즐거움이 다르겠지만 마지막 페이지를 넘기는 순간 전해오는 쾌감이 다시 손에 책을 들게 합니다. 스스로 즐거워하며 기쁨을 발견하는 것은 책 읽기의 목표에 도달하기 위해 대단히 유익합니다.

마지막 책장을 넘기는 즐거움과 함께 찾는 또 다른 즐거움은 다 사용한 필기도구 모음입니다.

책을 읽으면서 필요한 부분에 줄 긋기를 하거나 표시를 할 때 사용한 볼펜과 필기도구를 다 사용하면 버리지 않고 모아둡니다. 작은 상자를 만들어 줄 긋기 혹은 메모하며 사용하던 필기도구의 잉크가 다한 후에도 버리지 않고 그 도구를 모으는 것은 나의 또 다른 재미입니다. 이제 볼펜과 사인펜, 형광펜들이 꽤 많이 모였습니다. 결국 책 읽기에 필요한 몇몇 소품을 모은 재미를 발견했습니다.

각종 책 갈피, 포스트잇, 볼펜과 형광펜, 조그마한 자, 책 읽기에 필요한 작은 LED 등, 책 읽는데 사용하는 보면대, 책들이 쌓이면 필요한 책장, 읽은 책들의 내용을 요약하는 수첩과 일기장, 일 년 동안 읽을 책을 기록하기 위해 준비하는 스케줄북 노트 등의 소소한 학용품을 모으는 취미 또

한 책을 읽으면서 생겨났습니다.

결국 나의 소확행은 독서에 필요한 작은 학용품 등을 구입하는 일입니다.

책방 혹은 문구점 한 코너에 있는 이런 학용품을 쇼핑하는 즐거움과 같은 작은 즐거움을 만들 때 열혈 독서는 힘을 내서 목표에 도달할 수 있습니다.

즐거움이 지나치면 종종 낭패를 보기도 합니다. 결국 내게도 수십 개의 보면대, 넘쳐나는 필기도구, 아직도 몇 년은 사용할 수 있는 포스트잇 등이 있습니다.

과유불급의 상태가 되지 않도록 조심하는 것도 필요합니다. 그래도 이 정도 미친 상태는 괜찮습니다. 가끔 전해오는 아내의 핀잔을 잘 피해야 하지만 각종 색깔의 형광펜을 보면 미소가 절로 생깁니다. 미쳤다는 것은 이런 기쁨과 즐거움을 느끼는 것입니다.

재미 혹은 즐거움이란 것이 웃기는 말이나 몸짓만을 나타내는 것은 아닙니다. 재미의 범위는 상상을 초월하고 가늠하기 어렵습니다. 재미의 분야도 우리가 상상하는 것 이상입니다.

내가 모르는 것을 알게 해주었을 때도 우리는 재미를 느낍니다. 그 반대로 누군가 모르는 것을 내가 알게 해주는 재미도 쏠쏠합니다.

우리는 처음 접하는 이야기에서 재미를 느끼기도 합니다. 관점이 새롭거나 해석하는 방법이 유별나도 재밌습니다. 말 한마디 못하고 있을 때 정곡을 찔러주는 명쾌함은 재미를 넘어 통쾌함을 줍니다. 특별히 요즘은 반전에 반전을 거듭하는 결말이나 의외의 결과로 재미를 느끼기도 합니다.

이처럼 우리 스스로 무릎을 치며 미소를 짓는 재미에 빠지는 것도 미쳐가는 과정입니다.

책이 주는 즐거움에 빠지면 뇌는 책에 중독됩니다.

책이 없으면 허전하고 불안해지는 금단 증세가 나타납니다. 읽을 책을 미리 준비하지 못해 빵 봉지에 적혀 있는 영양소와 재료들, 칼로리, 제조 일자 등을 들여다보는 스스로에게 '미쳐가는구나'라며 웃음 지을 때 우리는 미쳐가는 즐거움을 경험합니다.

당구에 미치면 모든 것이 당구대로 보이고, 바둑에 미치면 모든 것이 바둑판으로 보여 친구의 머리도 검은 돌로 보이는 것처럼 책에 미치면 책을 읽는 것이 즐겁습니다.

미쳤다는 것은 활활 타오르는 열정입니다

열정이란 차가워져서 아무런 힘도 발휘하지 못하는 것에 에너지를 제공합니다. 뜨거워지고 타오르기 시작하면 엄청난 에너지와 힘을 발휘하게 됩니다.

활활 타오르는 에너지는 힘과 능력을 전달하여 꿈적도 하지 않던 바윗덩어리 같은 마음에 활력을 전달합니다. 그 다음부터 그 열정은 스스로 일하기 시작합니다.

칼날을 대기만 해도 대나무가 저절로 쪼개지는 것을 '파죽지세'라고 합니다. 열정은 이런 것입니다. 대나무 결에 칼을 대는 것과 같은 것입니다. 미쳤다고 하는 것은 이런 열정으로 타오르는 것입니다.

뜨거워지면 움직이기 시작하고 도달하게 됩니다.

제가 살고 있는 남가주의 렌초 쿠카몽가에서 얼마 멀지 않은 곳에 사막이 있습니다. 그 사막에서 종종 열기구를 타는 레저 스포츠 행사가 열립니다. 우연히 열기구를 조정하는 조종사에게 강의를 들은 적이 있습니다.

열기구는 하늘에 도달하기 위해 열기구 안의 공기를 데웁니다. 그 공기가 뜨겁게 되면 공기의 비중은 아주 작아집니다. 공기의 비중이 작아졌다는 것은 공기의 무게가 가벼워졌다는 것입니다. 열기구 안의 공기가 열을 받아 가벼워지면 이때 대기 중에 상승 작용을 일으키고 그 힘으로 열기구는 하늘에 오르기 시작합니다. 열기구가 목표한 좌표에 도달하려면 공기를 더욱 뜨겁게 데워야 합니다. 열에너지를 머금은 공기는 엄청난 힘을 발휘하여 목표한 하늘에 도달합니다.

'미쳤다'는 것은 이렇게 엄청난 열정을 가졌다는 것입니다. 우리의 마음과 생각과 행동이 열정으로 넘쳐나면 찌들어 무거워졌던 생각과 삶이 가벼워집니다. 그렇게 가벼워진 우리의 마음과 생각은 우리가 원하는 목표까지 우리를 인도해 줍니다. 미쳤다는 것은 이런 에너지와 힘을 가졌다는 것을 의미합니다. 열정으로 우리의 삶이 가벼워지면 삶이 무게와 중력을 거스르고 마음껏 하늘로 올라갈 수 있습니다.

책 읽기의 목표한 지점에 도달하려면 이러한 열정이 있어야 합니다.

아직 한 번도 목표점에 이르지 못했다면 열정이 부족한 것입니다. 우리를 목표한 지점까지 안내할 에너지가 부족한 것입니다. 활활 태울 수 있는 열정을 우리는 미쳤다고 합니다. 이렇게 미쳐야 미칩니다. 한 번쯤 우리는 이런 경험이 필요합니다. 독서의 성패는 '얼마나 열정으로 불태울 수 있는가?'에 달려있습니다. 미쳐야 미칩니다. 미치면 도달하고 성취할 수 있습니다.

책 읽기의 장점은 언제든지 우리의 열정을 활활 태울 수 있는 연료를 공급할 수 있다는 것입니다. 한 권의 책을 읽으면 또 다른 연료가 준비됩니다. 평생 우리의 열정에 불을 지펴줄 연료가 준비되는 것입니다. 메마르지 않는 공급이 있습니다. 활활 타오르기 위해 필요한 발화점, 산소의 공급, 발화에 필요한 물질이 필요합니다. 이 세 가지 조건만 맞으면 언제든지 불길은 타오를 수 있습니다.

미국에서 만난 불길은 상상을 초월하는 어마어마한 불길이었습니다.

왕복 8차선의 고속도로에서 불길이 번지는 것을 보았습니다. 순식간에 북쪽에서 남쪽으로 왕복 8차선의 넓이를 넘나들었습니다. 불이 팜트리에서 다른 팜트리 나무로 순식간에 옮겨붙어 마을 전체를 불태우는데 채 몇 시간이 지나지 않았습니다. 3층 정도 높이의 불길이 하늘로 날아다니는 광경을 보았을 때 열정이라는 것이 무엇인지를 보았습니다. 모든 것을 집어삼킨다는 것이 무엇인지를 알았습니다.

독서는 무한대의 연료를 공급해 줍니다.

우리의 영혼을 불태울 책은 어디서든지 얻을 수 있습니다.

양이 양질을 만든다

책 읽기를 시작할 때 가장 많이 드는 생각은 '어느 정도의 독서가 필요한가?'입니다. 정답은 없습니다. 독서의 목적은 '얼마나 많은 책을 읽었느냐?'보다는 '얼마나 양질의 독서가 되었는가?'입니다. 아무리 많은 양의 독서를 해도 독서가 내 삶을 바꾸지 못했다면 그것은 좋은 독서가 아닙니다. 좋은 독서는 우리의 삶을 단숨에 바꾸어 놓기 때문입니다.

성경 말씀이 양질의 독서 능력을 가지는 것은 성경 구절 한 절, 단어 하나를 통해서도 삶이 바뀌고 인생이 바뀌는 데 있습니다. 우리의 독서의 본질적인 골은 양질의 독서입니다. '나의 삶을 얼마나 바꾸고 있는가?'입니다.

우선 개인적인 경험으로 다독을 권합니다.

처음 책을 읽으려고 시도했을 때 조언자들의 의견이 모두 달랐습니다. 어떤 분은 "많은 책을 읽어야 한다"라고 조언했고 어떤 이는 "한 권이라도 정독하라"라고 권했습니다. 모두 좋은 방법입니다. 이 중에서 저의 개인적인 의견은 다독입니다. 때로는 양이 질을 만들기도 합니다.

당나라의 시성 두보는 "남아수독오거서(남자라면 무릇 다섯 수레의 책을 읽어야 한다)"라고 했습니다. 다산 정약용 선생님도 다독을 강조하셨습니다. 스스로를 폐족이라고 규정하면서도 "폐족은 아무런 희망이 없는데 유일한 희망은 책을 읽으면 살아날 방도가 있다"라고 자녀들을 훈육했습니다.

정약용 선생님이 쓰셨다고 전해지는 책만 5백 권이니 그

분이 읽은 책이 얼마일지 상상도 되지 않습니다.

임계점에 도달 하기까지

처음 책 읽기를 시작했을 때 3,000권을 목표로 했습니다. 왜 3,000권인지는 모르겠습니다. 아무 이유 없이 '10년 정도 목표를 두고 읽어보자'라는 마음이었습니다. 하루에 한 권을 읽는다 치면 대략 10년 가까이를 읽어야 하는 쉽지 않은 숫자입니다.

지난 4년 동안 2,000여 권의 책을 읽으면서 한 가지 깨달은 것은 다독이 주는 유익이 있다는 것입니다. 아직 목표한 3,000권에는 이르지 못했지만 지금은 숫자가 중요하지 않습니다. 어느 순간 책 읽기의 임계점을 경험했기 때문입니다.

물은 99도에서는 끓지 않다가 100도가 되는 순간 끓기 시작합니다. 그리고 그 순간부터 물은 기화되어 수증기로 그 성질이 변하기도 하며 힘을 갖게 됩니다. 이렇게 물이 끓어 기체로 전환되어 힘을 갖게 되는 지점을 임계점이라고 합니다.

저는 1,500권 즈음을 읽게 되었을 때 어떤 임계점을 경험하게 되었습니다. 오해하시지 말 것은 도를 터득했다는 말이 아닙니다. 진리를 발견하거나 도사가 되었다는 말도 아님니다. 제가 경험한 임계점이란 '책의 내용이 어렵지 않게 되었다'는 것입니다. 책의 내용과 저자의 의도가 읽히기 시작하는 임계점을 경험했다는 것입니다.

물론 이런 임계점은 개인마다 다릅니다. 하지만 단시간에 많은 책을 읽을 때 각각 다른 경험을 통해서 새로운 임계점들을 경험하게 됩니다. 여기에서 중요한 것은 빠른 시간에 많이 읽어야 한다는 것입니다. 그러면 어느 순간 자신만이 느낄 수 있는 독서의 질을 경험하게 됩니다.

어린 시절 할머니는 "구정물이라도 차야 배가 뜬다"라고 말씀하셨습니다. 어렸을 때는 알지 못했던 할머니의 인생 한마디를 다 자란 후에 알게 되었습니다.

그것은 바로 임계점이었습니다.

배가 뜨는 그 순간 배를 띄울 수 있게 무엇이라도 차 있어야만 가능한 것이 책 읽기에서는 다독입니다.

후에 할머니가 하셨던 말이 "수장선고"라는 사자성어였음을 알았습니다. 물이 많아야 배를 높이 띄울 수 있다는 말입니다. 너무나도 당연한 일입니다. 개울물에 유조선을 띄울 수 없고 깊은 바다에 띄워야 하는 배는 깊은 바다로 끌고 가야 합니다.

다독을 한다는 것은 깊은 물길을 만드는 것입니다.

다독을 한다는 것은 깊이있게 물을 채우는 것입니다. 젊은이들 가운데 파놓은 수로도 깊지 않고 준비한 물도 없으면서 큰 배를 띄우려고 애쓰는 이들을 봅니다. 큰 배를 띄우려면 구정물이라도 채워야 합니다.

우리의 심령에 물을 가득 채우지 못하면 큰 배를 띄우지 못합니다. 큰 꿈을 이루려면 큰 꿈을 띄울 물을 가득 채워야 합니다. 물은 채우지도 않고 큰 배를 띄울 생각만 하다가는 꿈을 제대로 띄워 보지도 못하고 포기하게 됩니다.

성경의 이야기 가운데 요셉과 예레미야의 공통점이 있습니다. 물론 이스라엘 사람, 구약의 사람과 같은 일반론적인 공통점을 말하는 것은 아닙니다.

창세기의 요셉과 남북 왕조 시대의 예레미야 사이의 공통점은 무엇일까요? 그것은 바로 두 사람 모두 구덩이에 빠졌다는 것입니다.

요셉은 형들에 의해 구덩이에 빠졌고 예레미야는 왕에 의해 구덩이에 빠졌습니다.

두 구덩이의 공통점은 물로 채우지 않으면 구덩이가 된다는 것입니다. 무엇인가로 채워지지 않은 구덩이는 누군가에게 치명적인 장소가 될 수 있음을 보여줍니다.

채움이 없는 마음은 죽음의 장소가 될 수 있습니다.

누군가 나의 마음에서 수없이 많은 미움의 대상이 되었다면 그는 내 마음의 구덩이에 빠져 죽음을 당한 것입니다. 이 죽음의 구덩이를 바꾸는 것은 그곳에 생수를 채우는 것입니다. 그 채움의 시간이 독서입니다.

채움 없이 그곳에 무엇인가를 띄우려다 낭패를 보는 일이 많습니다. 목회도, 공부도, 사업도, 예술도, 스포츠도 임계점에 도달하기까지 채우고 또 채워야 합니다. 충분히 흘러넘치게 채우지 못하면 그곳에 빠져 죽음을 기다려야 하는 처량한 신세가 됩니다. 임계점을 채우지 않고 덤벼들었다가 낭패를 보지 않기 위해 독서가 필요합니다. 독서의 임계점을 경험하게 되면 나의 부족함을 채우기 위해서 필요한 것이 무엇인지 채울 수 있는 능력이 만들어집니다.

제가 경험한 임계점은 책을 읽어도 몸살이 나지 않는 상황이었습니다.

어느 날은 책을 읽었을 뿐인데 심한 몸살 증세를 경험했습니다. 그런데 임계점을 경험하고 나니 몸이 아프고 온몸에 에너지가 다 날아간 것 같았던 일들이 더 이상 나타나지 않았습니다. 그러나 육체가 책을 읽어내는 임계점에 도달하자 저에게 새로운 변화가 생겼습니다. 책을 읽고 난 후 그 책의 내용이 무엇인지를 한 문장 혹은 한 마디로 요약할 수 있게 되었습니다. 이전에는 책을 열심히 읽었지만 무엇을 읽었는지 알 수 없을 때가 많았습니다. 책을 다 읽었는데 내용이 무엇인지 알 수 없을 때의 허탈함은 이루 말할 수 없습니다.

어느 날부터 이해가 되었습니다. 한 줄 요약이 가능해졌습니다. 한 문장으로 정리할 수 있었습니다. 가장 큰 변화라면 이전에 읽었던 책들과 연계시킬 수 있게 되었다는 것입니다. 이렇게 임계점을 넘어서게 되자 자연스럽게 책을 권하는 사람이 되었습니다. 실로 놀라운 변화입니다. 그리고 사람들과의 대화도 바뀌었습니다.

"어떤 책이 좋은 책이에요?"라고 묻던 제가 이제는 "어떤 책이 좋은 책이에요?"라는 질문을 받습니다.

"어떤 책 읽으세요?"라고 묻던 제가 "어떤 책 읽으세요?"라는 질문을 받습니다.

깊게 파려면 넓게 파야 합니다

예전 시골에서는 여름 농사에 쓰기 위해 논마다 우물을 파는 일이 있었는데 그때마다 우물을 파시던 이장님은 "깊게 파려면 넓게 파야 한다"라고 말씀하셨습니다. 땅을 파보신 분들은 아시겠지만 생각한 깊이만큼 파려면 일단 넓게 파야 합니다. 넓게 파는 만큼 깊이 있게 파 내려갈 수 있습니다. 독서에서는 이것이 다독의 의미입니다.

깊게 파려면 넓게 파야 합니다.

깊이 있는 책 읽기를 원하신다면 일단 많이 읽는 것이 필요합니다. 양질은 양에서 나오기도 합니다. 깊이 없는 넓음은 얄팍함이며 참을 수 없는 가벼움입니다. 넓이 없이 깊이만 들어가면 너무나도 갑갑한 구덩이가 됩니다. 넓게 파지 못하고 깊이 파 놓은 구덩이에서 헤어 나오지 못하는 분들을 여전히 봅니다. 그래서 박사 공부를 하던 분들에게 Ph.D.는 'permanently head damage(영구적 뇌 손상)'의 약자라는 농담이 있습니다.

제 이웃들은 다양한 인종들로 구성되어 있습니다.

남미계와 중국계도 이웃으로 쉽게 접하는데 놀라운 사실은 남미계 이민자들의 축구 실력은 거의 메시 급이라는 것입니다. 중국계 이민자들의 탁구 실력은 대부분 왕하오 급입니다. 중국 내에는 약 3,000만 명의 등록된 탁구 선수(파악된 선수만)가 있고, 브라질 출신으로 세계 프로 축구 클럽에서 뛰고 있는 선수는 무려 2천 명에 이릅니다. 엄청난 양이 양질을 만들어 내기도 합니다. 올림픽과 세계 선수권 월드컵에서 우승하는 것보다 자국의 프로 리그에서 우승하는 것이 힘들 정도로 때로는 양이 질을 만들어 냅니다.

제가 살고 있는 남가주의 골프장과 수영장의 인프라를 보면 왜 미국에서 많은 골프 선수와 좋은 수영 선수가 배출되는지 알 수 있습니다. 결국 독서도 양질의 독서가 되기 위해서는 일정한 양을 채우는 것에서부터 출발하는 것이 좋습니다.

저는 1991년부터 해마다 1월이면 성경 일독을 합니다. 쌓아온 시간의 양은 이제 적어도 성경 30독은 기본이 되고, 양은 결국 좋은 질을 만들어낸다는 것을 경험하게 됩니다. 결국 탁월함이라는 것은 때때로 재능이 주는 축복이 아니라 습관과 노력이 주는 축복일 수 있습니다.

책을 폭넓게 읽는 것이 땅을 넓게 파는 일입니다.

책을 읽다 보면 책 속에서 저자는 자신이 영향을 받은 책을 소개하거나 인용할 때가 있습니다. 책 속에 다른 저자에 대한 소개와 인용이 없는 책은 좋은 책이 아닙니다. 좋은 저자는 좋은 책을 인용하고 활용할 줄 아는 저자입니다.

저는 이동원 목사님, 강준민 목사님, 유영만 교수님, 정민 교수님, 김훈 작가, 이영하 작가와 같은 분들의 책을 인용하거나 그분들에게 받은 영향으로 글을 쓰고 있습니다.

책을 폭 넓게 읽고 싶다면 책 속에서 저자가 소개하거나 인용하는 책을 반드시 읽어야 합니다. 책을 읽다보면 많은 저자들이 공통적으로 인용하는 책들이 있습니다. 많은 저자들이 인용한 책이야말로 정말 읽어야 할 책입니다.

그렇게 인용된 책이나 소개된 책을 읽다 보면 그 저자들도 소개하거나 인용하는 책들이 있습니다. 그러면 반드시 그 책들도 읽어야 합니다. 그렇게 독서의 폭을 넓혀 나가는 것이 중요합니다. 한 발자국씩 넓혀가다 보면 깊이 있게 책을 볼 수 있는 눈이 생깁니다.

처음부터 깊이 있게 읽을 수 없습니다. 깊이 있게 읽으려면 넓혀나가야 합니다. 책을 넓혀나가다 보면 어느덧 깊이 들어가 있는 내 모습을 발견하게 됩니다.

책을 읽을 때는 저자 소개와 부수적인 참조 내용 등이 중요합니다. 책을 쓰는데 도움을 주신 분들에 대한 글은 반드시 읽어야 합니다. 나에게 영향을 준 작가가 어떤 작가에게 영향을 받았는지 알아야 합니다. 어떤 책을 인용하고 있는지 알아야 합니다.

미국에서 대학원 공부를 하면서 중요하게 배운 것이 있습니다. 어떤 책을 인용했는가의 문제입니다. 대학원 논문을 쓸 때는 교수님이 인정할 만한 저자의 인용을 반드시 첨부하도록 훈련받습니다. 도서관에서 책을 찾는 법과 참조가 될 만한 책을 찾는 것을 한 학기 수업을 할 만큼 중요하게 다룹니다. 깊이 있는 논문과 글은 폭넓은 인용과 활용에서부터 시작되는 것을 알 수 있습니다.

지구상에서 가장 깊은 바다는 마리아나 해구로 약 1만km 깊이로 알려져 있습니다. 이곳이 가장 깊은 이유는 가장 넓은 태평양의 표면적이 이곳을 중심으로 시작되기 때문입니다. 가장 깊은 곳이 되려면 가장 넓은 곳이어야 한다는 뜻입니다. 이처럼 깊이 있는 책 읽기가 되려면 폭넓게 책을 읽어야 합니다. 깊이 있는 사람이 되려면 우선 넓은 사람이 되어야 하는 이치와 같은 것입니다.

넓은 강이 깊은 강입니다. 넓은 바다가 깊은 바다입니다. 생각이 넓은 사람이 생각이 깊은 사람이 될 수 있습니다. 마음이 넓은 사람이 마음이 깊은 사람이 될 수 있습니다. 그래서 독서가 깊어지려면 독서가 넓어지는 것이 필요합니다.

저는 생각합니다.

제가 변화된 것은 제가 읽은 책의 숫자가 아니라 진실됨으로 만난 책의 인격과 의미를 통해서임을 믿습니다. 깊은 만남을 하려면 좀 더 깊이 있게 책을 읽는 것이 필요하다고 생각합니다. 그러기에 저는 다독을 추천합니다. 다독을 통해 만난 책들 가운데 깊이 있는 만남을 주는 책을 발견하게 됩니다. 운이 좋으면 다독이 아니어도 좋은 책을 만날 수 있지만 다독을 통해 좋을 책을 만날 확률이 더 높기 때문입니다.

독서의 고수들을 보면 이들 역시 많은 책을 읽은 다독가였습니다. 그들은 다독을 통해서 인생의 책과 독서를 경험하게 되었음을 고백합니다. 제가 고민하는 것은 '과연 글쓰기로 독서에 대해서 배울 수 있을까?'입니다. 다독의 유익과 장점은 다독을 해야만 알 수 있는 축복입니다.

당신은 독서 '광인(光人)'인가? '꽝인'인가?

요즘 젊은이들이 쓰는 용어 중에 참 공감이 가는 단어가 있습니다.

금손 & 꽝손!

방송에 나오는 분들이 게임을 하거나 미션을 수행하면서 운이 좋은 분이나 좋은 선택을 하는 분의 손을 '금손'이라고 합니다. 반대로 좋지 않은 것을 선택하거나 미션 수행에서 실패를 자주 하는 분의 손을 '꽝손'이라고 말하는 것을 보았습니다. 정말 순발력과 비상한 언어의 천재들이라고 생각합니다.

오늘 본문의 소제목은 그곳에서 따왔습니다.

우리는 독서에 빛이 나는 광인(光人)인가요? 아니면 꽝인인가요?

저는 꽝손으로 유명한 사람입니다. 제가 손을 대기만 하면 문제가 생깁니다. 멀쩡하던 형광등도 제 손이 닿으면 불빛이 춤추기 시작합니다. 잘 작동하던 컴퓨터도 제가 손을 대면 작동을 멈추는 일이 허다하고 초등생 시절 누구나 한 번쯤 찾을 법한 보물 찾기에서도 제 손은 늘 꽝손이었습니다. 그런 저였기에 꽝손이라는 표현은 너무나 와닿는 단어입니다. 처음 독서를 시작할 때도 저는 독서 광인(光人)이 아니라 꽝인이었습니다.

독서의 목적은 우리가 빛나는 사람이 되고자 함입니다. 아무리 독서를 많이 해도 우리는 꽝인이 될 수 있습니다. 저는 빛나는 광인(光人)과 빈손인 꽝인의 차이는 특별하다고 생각하지 않습니다. 저도 독서의 꽝인이었습니다. 책을 많이 읽어야만 광인(光人)이 아닙니다. 많이 읽어도 꽝인일 수 있습니다. 이제 독서를 시작했어도 우리는 반짝반짝 빛나는 독서 광인(光人)일 수 있습니다.

공감 & 공격

제가 어렸을 때는 IQ가 높은 학생들은 대체적으로 우수한 학생으로 인정받았습니다. 실제로 IQ와 학습 인지도가 비례하는 경우가 많습니다. 그러나 요즘 새롭게 부각되는 것은 감성지수와 공감지수입니다.

'공감'이라는 단어는 예수님의 언어입니다. 예수님께서는 육체를 입으셨으나 죄는 없으신 분이셨습니다. 예수님이 육체를 입고 가장 먼저 경험한 것은 공감이었습니다.

죄인인 인간? 간음 할 수 밖에 없는 죄인, 미워할 수밖에 없는 죄인, 하나님의 아들을 십자가에 못 박아야 하는 인간의 죄성과 약함을 체휼(개역성경)하신 분이 예수님입니다.

'체휼'이라는 단어는 자주 사용하지 않아 설명하기 어려운 단어인데 '공감했다'라고 표현하는 것이 가장 적합할 듯합니다.

공감의 능력은 예수님의 사역에서 가장 중요한 능력이었습니다. 아픈 자, 병든 자, 심령이 상한 자, 낙심한 자, 절망한 자에게 가장 필요한 것은 공감입니다.

독서도 마찬가지입니다.

빛나는 독서광이 되기 위해서 공감의 능력이 필요합니다.

글은 2차원의 평면 위에 인쇄된 언어로 전달되지만 글 재료에서 저자와 공감할 수 있어야 합니다. 저자와 공감할 수 있을 때 우리는 독서의 빛나는 광인이 될 수 있습니다.

저는 공감 능력이 부족한 사람입니다.

반면 아내는 공감 능력이 매우 뛰어납니다. 대체적으로 여성들이 공감 능력이 뛰어난 듯합니다.

제일 공감되지 않는 것은 드라마입니다. 드라마는 그저 드라마일 뿐 결국 여자 주인공이 잘 될 것이고 남자 주인공과 해피엔딩으로 가는 스토리인데 흥분하기도 하고 주먹을 불끈 쥐기도 합니다. 야유를 보내기도 하고 이불을 박차고 나가 분을 토하기도 합니다. 이런 반응에 공감하려는 마음조차 없는 메마른 영혼이 저였습니다. 이렇게 공감 능력이 없을 때는 독서를 해도 저자의 의도와 글을 공감하지 못합니다.

간증집을 읽으면 "지지리 궁상맞다"고 비판하고 성공 스토리를 읽으면 "좋은 부모를 만나 뒷 배경이 있을 거야"라고 했습니다. 이렇게 공감하지 못하고 공격만 하니 성경의 말씀도 내 안에 생명이 되지 못했습니다.

말이 되지 않는 비판과 거절만 있었을 때 저는 독서 꽝인이었습니다. 지금은 책을 구입할 때 저자의 약력을 자세히 살펴봅니다. 예전엔 좋은 지위와 스펙이 훌륭한 저자의 책을 선택했지만 지금은 스토리를 발견할 수 있는 저자의 책을 선호합니다. 저자가 살아온 삶의 이야기에 공감하면 그의 글은 나의 글이 되고 나의 스토리가 되는 것을 경험하기 때문입니다. 책을 펴서 읽기 전에 저자가 누구인지부터 꼼꼼히 살피면 독서의 광인(光人)이 될 확률이 높습니다.

세계적으로 성공한 베스트 셀러 작가 J.K. 롤링의 실패와 가난, 좌절과 거절의 이야기를 공감하고 그의 책 「해리포터」를 읽으면서 더 많은 감동과 재미를 느낄 수 있었습니다. 책 속에서 얻는 교훈과 감동은 글 자체가 주는 경우도 많지만 저자의 삶의 스토리를 통해서 얻는 경우도 많습니다. 그러기에 독서를 잘 하기 위해 필요한 것은 공감하는 것입니다.

이야기에 공감하고 저자가 선택한 표현과 단어에 공감하는 것이 필요합니다. 책을 읽으면 저자의 삶과 이야기가 궁금해지는 분들이 있습니다. 궁금함이 관심이 되고 관심이 공감이 되고 공감이 몰입이 되면 책에서 다루어진 이야기는 결국 나에게 많은 것을 선물합니다.

책이 선물 보따리를 풀지 않는 것은 내가 먼저 공감해주지 않았기 때문입니다. 개인적인 견해이지만 책을 읽기 전에 비평가들의 글을 먼저 읽는 것은 독서를 방해하기도 합니다. 비평가들의 글을 읽을 때는 날카로운 지적에 저절로 무릎을 치기도 합니다. 그러나 공감은 없고 공격만 있는 비평의 글이 비수로 날아들어 책은 절대로 보물 보따리를 풀지 않는 것을 경험했습니다.

제가 읽으면서 좋아하던 책들의 상당 부분은 함께 공감할 수 있는 것들이 많았습니다. 비판적인 시각으로 공격만 하면 공멸합니다. 독서꽝이 될 수밖에 없습니다.

책에 대해 공감하기 시작하자 책도 자신의 가장 좋은 것을 내어주기 시작했습니다. 지금까지 침묵하고 있던 책이 어느 순간부터 말을 걸어주고 가르침을 주었습니다. 세상에 완벽한 글과 책은 없습니다. 공감하는 순간 제 안에 도사리고 있던 비판은 없어지고 책이 주는 놀라운 경이로움을 경험하게 되었습니다.

공감하는 마음은 예수님의 마음입니다.
공격하는 마음은 사단의 마음입니다.
욥에게 공감하는 친구가 없었던 것은 지금 살아가는 현

실의 세계에서도 쉽게 경험하게 됩니다.

지금도 인터넷의 댓글 때문에 생을 마감하는 이들이 있습니다. 상대의 아픔과 슬픔을 공감해 줄 수 있다면 아까운 목숨을 스스로 끊는 일은 줄어들 것입니다.

일일 일책 독서를 통해 제가 경험한 가장 큰 변화는 공감 능력입니다. 시시때때로 상대방의 상황을 공감해 보려고 노력합니다. 예수님께서 육체를 입으신 것도 공감하기 위해서입니다. 그분이 육체를 입으시니 공감하실 수 있으셨습니다. 베드로의 변덕도, 요한의 불같은 마음도, 가룟유다의 간사한 마음도 공감하셨기에 그들을 끝까지 사랑하실 수 있었습니다.

책은 남의 시선입니다.

책은 남의 시각과 생각, 경험의 결과물입니다.

남의 시선과 생각의 지점을 단 한순간에 공유하고 이해하기란 쉬운 일이 아닙니다. 그래서 글자를 읽을 때 글을 공감해주지 않으면 책은 글자일 뿐입니다. 결국 독서는 글자를 읽어내는 일이 아니라 글을 읽어 공감하는 것입니다. 글 안과 글자 너머에 있는 진짜 의미를 공감하는 작업이 바로 독서입니다.

앎이 삶이 될 때 독서광이 될 수 있습니다

독서의 광인(光人 - 빛나는)이 되려면 앎을 생산하는 방식으로 삶을 살아가야만 합니다.

제가 독서의 꽝인일 때는 독서를 앎을 생산하는 방식이 아니라 자랑거리나 잘남의 상징과 수단으로 삼았습니다. 앎이라는 삶은 단순한 것이 아닙니다. 성경에서도 안다고 하는 것은 지식으로 쌓아간다는 것이 아니라 몸으로 체험하고 체득되어야만 하는 것으로 앎을 강조합니다.

마리아의 고백에서도 "내가 남자를 알지 못한다"는 것은 자신의 자궁에서부터 잉태되어야 할 생명의 경험을 이야기합니다. 마리아의 경험은 자랑을 위한 경험이 될 수 없습니다. 단 한 번도 하나님의 아들을 잉태했다고 자랑거리로 삼지 않았습니다. 여기서 앎이란 생사를 걸어야하고 목숨을 내놓아야 하며 약혼자에게 모질게 거절을 당해야 하는 처절한 경험을 이야기합니다.

그래서 십자가를 안다는 것도 삶으로 체험하고 경험하는 것으로만 알아지는 것입니다. 배움을 통해서는 십자가를 알 수 없습니다. 예수님이 지신 십자가 앞에 서서 그 십자가를 경험하고 통과해야만 십자가를 아는 것입니다. 결국 안다는 것은 지식이 습득되어 체험되는 과정입니다. 몸으로 경험하고 체험하는 것만을 안다고 할 수 있습니다.

구원도 영생도 체험으로 알아지는 삶입니다.

앎과 삶은 동일어일 수밖에 없습니다. 기독교 신앙이 앎과 삶이 달라져서 모진 욕을 먹고 있을 뿐 우리의 신앙 자체가 틀린 것은 아닙니다. 앎과 삶이 달라 바리새인이 되는 것처럼 독서의 길도 앎과 삶이 같아야 합니다.

독서의 광인(光人)이 되려면 이런 앎이 삶의 중심으로 자리잡아야 합니다. 내가 앎이 필요하다는 것은 내가 아는 것이 없다는 것을 전제하는 삶입니다. 내가 알고 있는 것이 전부일 수 없다는 겸손입니다. 나만 알고 있다는 아집과 고집을 내려놓아야만 하는 삶이 앎이라는 것의 가장 소중한 가치입니다.

독서의 광인(光人)이 되려면 이러한 삶의 자리로 나아가야 합니다. 독서의 꽝인일 때는 앎의 소중함을 귀하게 여기지 않았습니다. 내가 알고 있는 것이면 충분하다고 믿었습니다.

책을 통해서 앎을 나누는 저자들의 앎은 거저얻어진 것이 아닙니다. 그들이 알게 된 앎은 지성을 통해서든 야성을 통해서든 치열한 삶의 과정에서 얻은 결과임을 인정해야 합니다.

앎이라는 것이, 열정과 애정을 녹여 살아온 삶의 열매로 얻어진 결과임을 인정하고 앎을 추구할 때 우리는 독서 광인(光人)이 될 수 있습니다. 이런 자아의 성찰이 없는 독서는 꽝인 독서입니다.

'독서광'일 때 얻어진 지식은 야성이 없는 지루함과 지성이 없는 야만의 지적인 광기만을 담아낼 뿐이었습니다. 그렇게 얻어진 지식의 결과물이었기에 삶이 열정을 녹여낼 수도 없었고 열정이 녹아들어가지 못하니 애정이 없고 애정이 없는 지식은 열정적인 독서의 앎으로 연결되지 못했습니다.

책은 참 신비롭습니다.

자신에게 접근한 독자가 어떤 방식으로 접근하고 있는지를 금방 알아차립니다. 그래서 쉽게 알려고 하는 사람에게는 더 어렵고, 앎에 대해서 진실하게 접근하는 자에게는 쉽게 선물 보따리를 풀어놓습니다.

독자가 아닌 저자가 될 때

타향살이에서는 처음 정착한 곳이 고향이라는 말이 있습니다. 그래서인지 저는 미국에 처음 발을 디딘 샌디에이고를 좋아합니다. 지금은 L.A.로 이주하여 정착했지만 샌디에이고에 방문할 때마다 20년 전 처음 미국에 왔던 날을 떠올리곤 합니다.

샌디에이고에서도 저와 아이들이 공통적으로 좋아하는 장소가 있습니다. 세계적인 해상공원 시월드(Sea World)입니다. 전 세계의 관광객들이 끊이지 않는 곳이며 태평양의 바다와 공원이 조화롭게 어우러진 국제적인 관광명소입니다. 샤무쇼를 비롯해 많은 해양 동물들을 볼 수 있는 곳이기도 합니다. 시월드 자체만으로도 이곳은 인상적인 곳인데 제게는 더 인상적일 수밖에 없는 추억이 있습니다.

영어도 서툴던 이민 초창기 시절 시월드를 방문했는데, 갑자기 조련사들이 저를 지목하더니 불러냈습니다.

당연히 영어에 서툴렀고 그들이 주문하는 데로 맞추어 임무를 수행하지는 못했지만 저의 몸 개그가 수많은 사람들에게 큰 웃음을 주었습니다. 저는 그날 65불의 입장료를 내고 시월드에 관람객으로 입장했지만 조련사들은 저를 불러내 관람객이 아닌 주인공으로 만들어주었습니다.

지금도 시월드에서는 이런 행사들이 종종 열립니다.

쇼마다 그날의 특별한 손님을 초대합니다. 저처럼 미국에 막 입국한 사람, 혹은 특별한 스토리를 가지고 시월드를 찾은 사람, 꼬마 손님 등. 다양한 관람객을 초대해 그날의 주인공이 되게 합니다.

비단 시월드뿐만 아니라 L.A. 다저스 게임에서도 L.A. 레이커스 게임에서도 종종 볼 수 있는 광경들입니다. 많은 관객들이 손님이 아닌 주인으로 참여할 수 있도록 배려하는 이벤트를 종종 볼 수 있습니다. 제가 주인공이 된 그날 이후부터 시월드는 저에게 특별한 장소로 지금도 입장료를 지불하고 찾아가지만 남다른 애정을 갖게 되었습니다.

독서광인 저는 저자의 단어와 구성, 이야기, 전달하고자 하는 의미를 알기 위해 최선을 다합니다. 거기에서 끝나지 않고 책을 읽은 동안만이라도 내가 그 책의 저자라고 생각합니다. 유쾌하고 즐거운 상상입니다.
'첫 단어는 무엇으로 할까? 제목은 어떻게 바꾸어 볼까?'를 생각합니다.

저는 제가 읽은 책의 저자에게 소감을 적어 이메일로 보냅니다. 그리고 마지막 결론에서 저의 생각을 나눕니다. 좋았던 점, 감명 깊게 읽은 점을 솔직하게 나눕니다. 대부분의 저자들은 솔직한 저의 나눔을 반갑게 맞아주고 피드백에 감사해 합니다.
관객의 의무는 지불하는 것입니다. 정해진 값을 지불하기만 하면 관객의 의무는 다한 것입니다. 그러나 주인은 관객들에게 더 나은 서비스와 내용을 전달해야 합니다.
독자의 의무는 책값을 지불하는 것입니다.
책값을 지불했다면 독자입니다. 그러나 책값을 지불하는 독자들의 마음을 헤아려 한 줄, 한 단어라도 생각해 볼 수 있다면 저자입니다.

김훈이라는 소설가가 있습니다.

이분의 책에 적힌 단 한 줄을 보며 몇 날을 생각한 적이 있습니다. 이분이 써 내려간 글을 보며 지금까지 보지 못했던 이순신 장군과 마주하고 앉았습니다. 이렇게 관객에서 주인으로, 독자에서 저자로 관점을 바꿀 수 있다면 우리는 독서광입니다.

독서꽝일 때 제 불만은 책값이 너무 비싸다는 것입니다. 미국에서 한국 책을 구입하려면 상당한 비용을 지불해야 합니다. 책값만 지불하는 독자의 입장에서 책값은 지갑을 얇아지게 만드는 적폐입니다. 하지만 저자의 입장에서 책값은 피눈물의 대가이며 새벽까지 단어 하나에 고심하며 쓰고 지우기를 반복한 지루함의 보상입니다. 관객에서 주인이 되고, 독자에서 저자가 되는 경험을 통해 독서꽝에서 벗어날 수 있습니다.

관객에서 주객이 되고 독자에서 저자가 되는 기쁨은 또 다른 경험입니다. 이런 경험은 독서가 무엇인지를 알려주는 중요한 경험입니다. 독서라는 행위가 나 혼자서 경험해야 하는 외로운 투쟁의 결과물이 아니라 함께 해야만 하는 마중물 같은 희생의 결과라는 것을 알게 됩니다.

관객에서 주객으로, 독자에서 저자가 되는 경험은 독서가 협업과 협력의 결과물이라는 것을 알게 해주는 중요한 과정입니다.

책을 쓰는 이가 있고 출판하는 이가 있고 책을 유통하는 이가 있고 그것을 판매하여 독자에게 읽을 수 있도록 하는 이의 손을 거쳐야만 비로소 독서라는 행위가 이루어짐을 알게 됩니다. 이렇게 나도 나만 생각하는 자아에서 타아의 자리로 나아갈 때 비로소 좋은 독서 광인(光人)이 될 수 있습니다.

지금은 알라딘에서 책을 주문할 때 배송하는 UPS 직원이나 DHL 직원들에게도 고마움을 전합니다. 이런 시선의 넓어짐을 통해 독서의 꽝인에서 광인(光人)이 되는 삶이 시작됩니다.

저는 그래서 책을 배송해 주는 업체들과 직원들에게 고마움을 표현합니다. 하루는 허리를 다친 UPS 직원이 저의 무거운 책을 우송해 주었습니다. 저는 그때 내가 읽고 있는 이 책은 수많은 주인공들의 수고와 땀과 노력의 대가임을 깨달았습니다.

그래서 저자뿐만 아니라 책 디자이너, 출판사, 판매처뿐만 아니라 배송업체까지의 모든 분들께 감사한 마음을 갖게 되었습니다. 책 한 권이 손에 들어오기까지 흘린 모든 이들의 땀에 감사할 수 있을 때 당신은 진정한 독서 광인(光人)이 됩니다.

제2부

혈

하루에 한 권의 책 읽기

2

하루에 한 권의 책 읽기

책을 읽으려면 첫 단어, 첫 문단, 첫 문장을 읽어야 합니다.

"독서가 왜 어렵냐?"라고 물으면 "책을 읽고 생각하는 것이 쉽지 않다"라고 대답하는 경우가 많습니다.

드라마는 영상에 시선을 맡긴 채 시간이 흘러가면 되지만 독서는 자신의 생각과 사고를 끌고 가야 하는 노력이 있어야 합니다. 아무것도 하지 않고 가만히 있으면 우리의 생각은 독서를 하는 쪽으로 활성화되지 않습니다. 생각도 주도적으로 끌고 가지 않으면 게을러지기 마련입니다.

스캇펙이라는 정신과 의사는 인간의 원죄에 대해서 '생

각의 게으름'이라고 했습니다. 우리는 생각이 게을러지지 않도록 뇌에게 부지런히 명령하고 일하도록 해야 합니다.

기본적으로 우리의 뇌는 독서를 하고 싶지 않은 쪽으로 활성화되어 있습니다. 기본적인 뇌의 기능은 새로운 도전보다는 지금의 상황을 유지하는 쪽으로 활성화되어 있습니다. 그래서 뇌로 하여금 지금 독서를 시작했다는 명령을 내려야 합니다. 그리고 독서가 습관이 되도록 뇌를 활성화시켜야 합니다. 그렇지 않으면 독서는 저절로 되지 않습니다.

뇌가 스스로 알아서 일하도록 노력하는 행위를 습관이라고 합니다. 이러한 습관은 하루 아침에 이루어지지 않지만 뇌에게 습관을 만들어주면 뇌는 독서하도록 우리의 몸과 생각을 이끌어줍니다. 그래서 하루에 한 권의 책을 읽으려면 우선 '나는 하루에 책을 한 권 읽을 것이다'라는 명령을 뇌에게 내려줘야 합니다. 그래야 뇌도 책을 읽을 준비를 하고 책의 내용을 받아들입니다.

하루에 책을 한 권 읽는다는 명령을 통해 뇌가 습관으로 나아가는 조건을 만들어 주는 것을 우리는 훈련이라고 합니다. 이런 훈련에 몇 가지 조건이 따라주면 더 잘 훈련될 수 있습니다.

장소의 훈련

책을 읽는 장소는 구분되어야 합니다.

책을 읽기 위해 자신에게 가장 알맞은 장소가 있습니다. 도서관, 집, 카페, 교회, 사무실 등. 때로는 달리는 차안, 심지어 화장실에서도 우리는 책을 읽을 수 있습니다. 어느 곳이든 독서할 수 있지만 뇌에게 독서의 장소를 각인시켜 놓으면 우리 뇌는 그곳에서 좀더 쉽게 책을 읽을 수 있습니다.

세 군데 정도 자신만의 독서 장소를 정해 놓으면 좋습니다. 물론 개인의 취향에 따라 자신이 가장 편안하게 느끼는 장소를 만들어가는 것도 독서에서 얻는 귀한 과정입니다.

목사인 저는 세 군데 정도 습관적으로 독서하는 장소가 있습니다. 커피와 빵 체인점인 판네라와 스타벅스, 교회, 그리고 동네 도서관입니다.

● 판네라 빵집과 스타벅스

판네라 빵집은 독서하기 좋은 장소입니다. 물론 사람들로 북적이고 매우 혼잡스러울 때도 있지만 새벽 예배 이후 방문하는 판네라에는 두 가지의 향이 독서의 식욕을 불러옵니다. 빵익는 냄새와 커피향입니다. 고소함이 은은하게 퍼지는 빵 굽는 냄새와 새벽 예배 후 피곤한 뇌를 깨우는 커피향은 독서 식욕을 일깨웁니다. 베이글 한 쪽에 무제한 리필이 되는 커피는 책 읽기에 너무나 좋은 요소들입니다.

스타벅스도 같은 이유에서 책 읽기 좋은 장소입니다.

판네라 빵집에서의 독서는 단지 책 읽기만 좋은 장소는 아닙니다. 큐티 나눔과 네 명 정도의 소그룹 나눔도 훌륭하게 할 수 있는 장소입니다. 커피는 무제한 리필이니 이보다 좋은 장소가 없습니다.

판네라의 인테리어는 책을 읽기 좋은 분위기입니다.

물론 미국의 경우 그렇다는 것입니다. 많은 학생들이 공부를 하거나 책을 읽거나 스터디 그룹을 하고 있는 것을 종종 볼 수 있습니다. 이렇게 좋은 판네라지만 한 곳에서 모든 것을 다 할 수는 없기에 중간에 다른 곳으로 장소를 바꾸어주면 독서를 위한 분위기를 계속 만들 수 있습니다.

사는 지역마다 분위기는 다를 수 있지만 제가 살고 있는 지역의 판네라는 중년층 이상의 손님이 많이 찾는 곳입니다. 대체적으로 차분하고 소란스럽지 않은 분위기입니다.

중장년층의 미국인들은 아직도 종이 신문을 들고 이곳에서 신문을 읽습니다. 이런 판네라의 분위기이기에 책 읽는 것이 너무나도 자연스럽습니다. 판네라가 책 읽기 좋은 장소인 것은 넓게 트인 창과 조명도 한몫합니다. 어느 위치에 앉아도 판네라는 밝습니다. 창은 사방으로 뚫려있어 밖이 시원하게 보입니다. 조명도 책을 읽기에 적당한 분위기를 만들어줍니다.

　미국 집의 특징은 대체적으로 어둡습니다.
　한국의 집처럼 직접 조명을 사용하지 않습니다. 천장에 등이 있어 집 전체를 밝혀주는 구조를 찾아볼 수 없습니다. 대부분 간접 조명으로 집을 밝히는 구조이기에 전체적으로 어두운 느낌입니다. 다만 한 가지 판네라는 쉽게 지루해질 수 있는 구조입니다. 정적인 느낌이 강한 매장의 분위기로 인해 조금 쉽게 지루해질 수 있다는 것은 약간의 단점입니다.

　판네라가 지루해질 쯤이면 스타벅스로 이동합니다.
　스타벅스는 판네라와는 다른 분위기입니다. 일단 스타벅스의 주고객은 젊은이들입니다. 다양한 연령층이 스타벅스를 이용하지만 대다수의 이용 고객은 젊고 활기차고 밝습니다.
　매장 분위기도 떠들썩합니다. 음악은 빠른 비트가 주를 이루고 스피커에서는 조금은 큰 소리가 흘러나옵니다. 스타벅스도 일반 레귤러 커피는 리필이 가능하지만 모든 음료가 그런 것은 아니라는 단점이 있습니다.

　스타벅스에서의 책 읽기의 장점은 생동감이 있다는 것입니다. 이곳에서 공부하는 학생들이나 그룹 스터디를 하는 학생들은 자유롭게 토론하고 자신들의 의견을 거침없이 주장합니다.

스타벅스에서의 책 읽기는 잠자고 있던 마음을 깨워 활기차게 해줍니다. 핸드폰을 충전하거나 노트북과 전자기기를 이용하기에도 수월합니다. 스타벅스에서는 대부분 전자기기를 이용합니다. 그래서 스타벅스는 전자책을 읽기에 최적의 장소입니다.

이곳에서의 단점은 쉽게 집중력을 잃어버릴 수 있다는 것입니다. 스타벅스에 오가는 고객들의 에너지를 따라가다 보면 쉽게 집중력을 잃게 됩니다. 그래서 이곳에서는 쉽게 읽을 수 있는 책을 정해 읽어내려가면 좋습니다.

생동감있는 에너지가 필요하다면 스타벅스를 적극 추천합니다. 특히 대학가 근처의 스타벅스는 다시 한번 학구열을 활활 태울 수 있는 최적의 독서 장소입니다. 백팩을 메고 노트북과 전공 서적을 들고 공간공간마다 공부하는 학생들을 보면 독서에 대해 불타는 도전이 일어날 것입니다.

● 교회에서
교회에서는 가급적 업무 시간에 책을 읽지 않으려고 노력합니다.

설교 준비를 위해 책을 펼쳐놓고 읽는 경우를 제외하고는 담임 목회자의 업무 시간에 개인 독서를 하지 않으려고 합니다. 그래서 교회에서의 독서는 설교에 필요한 레퍼런스(자료)와 성경 공부를 준비하면서 필요한 책들, 설교를 마무리하면서 살펴보는 주석이나 강해서를 중심으로 독서를 합니다.

이렇게 장소에 따라 어떤 종류의 책을 읽을 것인가를 정해 놓으면 독서를 이어가는데 상당히 도움이 됩니다. 성경 읽기와 주석, 신학 서적들은 주로 교회 사무실에서 읽습니다. 교회는 신학서적 위주의 책들을 읽기에 최적의 장소입니다.

교회에서는 보기만 해도 숨 막히는 주석서들, 신학교에서 공부하던 전공 서적들이 쉽게 읽힙니다. 교회는 어느 곳이든 독서하기에 좋은 공간입니다.

목회자가 책을 읽고 공부하는 것은 중요한 일상 가운데 하나입니다. 성경을 읽고 필요한 레퍼런스를 읽고 때로는 신앙 잡지 등을 읽을 때 교회는 어느 공간에서도 책을 읽기에 최적화되어 있습니다.

교회에서는 일단 독서에 방해되는 것이 없습니다. 주중 사역이 이루어지지 않는 시간에는 대부분 목회자들만이 교회에 상주합니다. 크게 방해받을 만한 요소들이라곤 자신의 게으름과 나태함뿐입니다. 이렇게 교회는 집중해서 생각해야 하는, 약간은 무거운 주제의 책들을 읽기에 최적화된 장소입니다. 조금은 머리 아파야 하는 신학 주제나 인문학 책들도 담임 목사의 사무실과는 왠지 잘 어울립니다.

● 집은 또 다른 이름의 도서관

마지막으로 제가 책을 읽기 위해 많이 접하는 장소는 집입니다.

집에는 저만을 위한 소파가 있습니다. 앉으면 무조건 책을 읽어야 하는 소파를 만들어 놓았습니다. 모든 일과를 마치고 돌아와 책을 집어 들고 소파에 앉으면 저녁 독서 시간이 시작됩니다. 대부분 잠자리에 들기 전까지 '독서 소파'를 떠나지 않는데 이때 마음먹은 한 권의 책을 충분히 읽을 수 있습니다.

독서 소파에 앉으면 뇌는 자연스럽게 독서 모드로 전환합니다. 5년간의 습관을 통해서 몸이 기억하는 독서의 장소를 만들어 놓은 것도 방법입니다.

집은 누구의 방해도 받지 않고 독서하기에 가장 좋은 장소입니다. 독서를 위한 보면대와 책상이 준비되어 있습니다. 저만의 독서 소파도 있습니다. 언제든지 커피를 내려 마실 수 있는 커피 메이커가 준비되어 있습니다.

안방에는 제가 가장 즐겨보는 책들이 자리를 차지합니다. 방을 나오면 저만의 작은 공간이 있습니다. 이미 저의 서재는 큰 딸에게 빼앗겼지만 2층의 창문 아래 저만의 독서 공간을 마련하고 이곳에서 읽고 싶은 다양한 책을 읽습니다. 아래층 거실은 가족 모두의 공간이지만 이곳에는 신간 서적과 사다 놓고 아직 읽지 않은 책들이 놓여 있습니다. 이렇게 각각의 공간에 필요한 책들을 정리해 놓으면 언제든지 책을 가까이할 수 있습니다.

예수님께서도 예루살렘에 오시면 습관적으로 겟세마네를 찾으셨습니다. 예수님도 기도의 장소를 구별하여 육신이 기억하는 기도의 습관을 잊지 않으셨습니다.

이렇게 장소를 구별하여 독서하는 훈련이 필요합니다. 그런데 가장 독서하기 좋은 장소는 아무 곳에서입니다.
죽어서도 가면 안 되는 곳이 지옥이라면 저는 살아 있는 동안 가기 어려운 곳이 있습니다. 쇼핑몰입니다. 지금은 아내와 아이들이 쇼핑몰에 갈 때 저는 쇼핑몰의 스타벅스에서 책을 읽으며 기다립니다. 이때 대략 한 시간이면 가벼운 책의 절반 정도는 읽을 수 있습니다. 학교가 끝난 후 아이들을 픽업하기 위해 기다리는 학교 주차장에서도 한 챕터 정도는 충분한 읽을 수 있습니다. 결국 어느 장소든 읽으려고 마음만 먹으면 독서할 수 있는 장소는 흘러넘칩니다.

한국을 방문할 때 참 아쉬웠던 장소가 있습니다.
지하철입니다. 너무 잘 되어있는 한국의 대중 교통을 이용하면서 미국에서 자가 운전하느라 하지 못했던 독서를 했습니다. 공항 철도를 이용해 인천공항에서 서울 도심까지 오면서 신간 서적의 반 이상을 읽었습니다. 독서는 어느 곳에서든지 가능합니다. 지금 우리가 있는 이 곳도 책을 읽기에 좋은 장소입니다.

시간 훈련

책을 읽는 속도는 사람에 따라 다릅니다.

빠른 속도로 책을 읽는 사람도 있고 천천히 읽는 사람도 있습니다. 나는 빨리 읽어야 할 책과 시간을 갖고 깊이있게 읽어야 할 책을 구분해서 읽습니다. 책에 따라서 한 자 한 자 묵상하며 읽어야 할 책이 있기 때문입니다.

대략 300페이지 분량의 책은 다섯 시간을 넘기지 않고 읽는 훈련을 하는 것이 좋습니다. 한 번 손에 잡은 책은 그 자리에서 다 읽는 것이 좋습니다. 그렇게 읽어야 책의 내용이 기억에 남습니다. 책을 읽었는데도 내용을 잘 기억하지 못한다면 책을 빨리 읽는 훈련과 한 번에 처음부터 끝까지 읽고 책의 주제를 한 줄로 적는 훈련이 필요합니다.

제 경험으로는 한 권의 책을 빨리 읽는 것이 좋습니다.

저는 주로 새벽, 새벽기도 후 업무 시간 전까지, 업무 종료 후 잠자리에 들기전 두 시간을 책 읽는 시간으로 정했습니다. 처음 책을 읽기로 마음 먹었을 때는 새벽 2시 30분에 기상해 새벽 예배를 준비하는 새벽 5시까지 책을 읽었습니다.

새벽에 책을 읽을 때 가장 빠르게, 가장 많이 기억하고, 집중해서 읽을 수 있었습니다. 대략 새벽 시간에 200페이지 분량의 책을 읽습니다.

사람마다 자신의 수면 시간과 생활 패턴에 따른 생활 리듬을 고려해서 책 읽을 시간을 확보하는 것이 중요합니다. 그 시간에는 반드시 책을 읽어야 합니다. 그냥 읽는 것입니다. 이유를 묻지도 따지지도 않고 읽어야 합니다. 읽고 또 읽고 읽어야 합니다.

드라마 한 편을 보는데 대략 한 시간 가량이 흐릅니다.

뇌가 아무런 저항없이 한 시간을 흘려보내는 것에 익숙해지면 뇌는 독서하는 시간으로 돌아가고 싶어하지 않습니다. 그래서 일어나자마자 독서를 하면 우리의 뇌는 새벽 시간에 책을 읽도록 활성화됩니다.

지금은 두 시간이면 대략 300페이지를 읽을 수 있습니다. 그러나 이렇게 되기까지는 훈련이 필요합니다. 정해진 시간에 책을 빨리 읽는 시간 훈련이 필요합니다.

● 필요하다면 한 자 한 자가 아니라 한 줄 두 줄 석 줄을

한꺼번에 읽어야 합니다.

- 필요하다면 한 단락 정도가 한 번에 눈에 들어와야 합니다.
- 필요하다면 눈과 혀가 아닌 뇌가 한 장을 다 받아들여야 합니다. 그래서 정해진 시간 안에 책을 읽어나가는 훈련을 해야 합니다.

이젠 책을 정하면 서론을 읽고 빨리 읽을 것인지, 묵상하며 깊이 있게 읽을 것인지를 결정할 수 있습니다.

책을 읽어 내려가다보면 임계점을 돌파하는 순간이 옵니다. 그 순간까지는 시간을 내서 미친 듯이 책을 읽어야만 언제, 어디서든지 책을 읽을 수 있는 날이 옵니다. 그때까지는 책 읽는 시간을 정해 놓고 독서를 해야 합니다.

1만 시간의 법칙에 대해 들은 적이 있습니까?

어떤 사람은 무슨 일을 능숙하게 하기까지 1만 시간의 법칙이 필요하다고 이야기합니다. 또 어떤 사람은 1만 시간의 법칙은 필요없다고 말합니다.

저는 독서에는 1만 시간이 필요하다고 믿습니다.

1만 시간 독서를 할 수 있다면 책을 읽는 스케줄을 스스로 조절하는 능력이 생깁니다.

책이란 것은 정직하여 읽은 만큼만 일하고 열매를 맺게

합니다. 가끔은 책이 얄밉기도 합니다. 불로 소득이란 것도 있지만 책은 그렇지 않습니다. 꼭 읽은 만큼만 돌려줍니다. 사랑해 준 만큼만 사랑을 돌려줍니다. 그래서 책을 읽는 것만큼 공평한 것이 없습니다. 공평하다는 것은 이런 것입니다.

사실 사람은 누구도 공평하지 않습니다.
키도 다르고, 생김새도 다르고, 타고난 성향과 재능도 다릅니다. 그래서 공평하다는 것은 내 쪽에서 노력한다고 주어지거나 얻어지기보다 상대방의 반응일 때가 많습니다.
그런 의미에서 하나님은 공평하십니다.
그런 의미에서 성경은 공평합니다.
그런 의미에서 책은 공평합니다.
우리가 책과 함께 보낸 시간만큼만 책은 우리에게 자신의 것을 돌려줍니다.

독서 일지

독서 후에는 반드시 독서 일지를 기록해야 합니다.
독서 일기를 써도 좋습니다.
요즘엔 SNS나 블로그에도 읽은 책을 올려놓거나 기록할 수 있기에 이런 방법을 사용해도 좋습니다.

저는 해마다 365일 스케줄 북을 구입해 그곳에 매일매일 읽은 책을 기록합니다. 읽은 책에 대한 기록을 어떤 방법으로든 남겨놓아야 합니다.

이미 읽은 수많은 책의 내용을 모두 기억할 수는 없습니다. 때문에 책을 읽은 후에는 적어도 별표 하나, 두 개, 혹은 '매우 훌륭한 책' 등과 같은 작은 메모라도 남겨놓아야 합니다. 독서 보고서나 독후감을 써놓지 않아도 됩니다. 책을 읽으면서 느낀 점을 한 줄 정도로 요약한 것도 괜찮습니다. 중요한 것은 반드시 이런 독서 일지를 남겨야 한다는 것입니다. 그래야 시간이 흐른 후 책을 다시 봐야 할 때 도움이 됩니다.

저는 책을 읽은 후 스케줄 북에 읽은 책의 제목과 저자 그리고 간단한 후기를 기록합니다. 한 주가 지나면 스케줄 북에 적어 놓은 책 중에서 베스트 책 표기를 합니다. 그렇게 한 달이 지나면 그 달의 베스트 책을 선정해 표를 해놓은 후 그 책을 필사합니다.

모든 책의 내용을 다 필사할 수 있으면 좋겠지만 책 한 권을 필사하는 것도 쉽지 않습니다. 책을 읽을 때 이미 필요한 부분에 밑줄을 긋고 그 페이지를 접어놓습니다. 그리고 접힌 부분과 밑줄이 쳐진 글을 컴퓨터에 필사합니다.

그렇게 필사를 해놓은 한 절 한 절은 지금 어머 어마한 분량의 레퍼런스(자료)가 되었습니다. 이것들은 개인적으로 글을 쓸 때 가장 훌륭한 글감을 제공해 줍니다.

일일 일독을 하고 싶다면 반드시 독서 일지를 작성해야 합니다. 일지를 작성하면서 일일 일독에 대한 의지를 불태울 수 있기 때문입니다. 그렇게 쌓여가는 스케줄 북의 책만 정리해도 독서의 열매를 맺을 수 있기에 독서 일지는 반드시 기록해야 합니다.

하지만 책을 읽는 것도 어려운데 일지까지 써야 한다면 엄두가 나지 않을 수도 있습니다. 때문에 거창한 일지라는 말보다 한 줄 평이라도 남겨 놓기를 바랍니다. 책을 읽은 후 그 책에 대한 기억을 한 줄로라도 기록해두면 다시 그 책을 꺼내볼 때 내용을 기억하기 쉽습니다.

또한 독서 일지를 기록하는 습관은 훗날 자연스럽게 책을 쓸 수 있는 힘이 됩니다. 독서 일지를 쓰지 않는 이유는 책에서 나의 두개골을 깨는 강렬함과 심장을 송두리째 찢어놓는 생기를 경험하지 못했기 때문입니다.

책은 위험한 것입니다.
책은 우리의 얼어버린 의식의 세계를 망치로 깨뜨려 새로운 도전으로 이끕니다. 이런 경험들을 기록한 글이 책이 됩니다. 결국 책을 읽는 사람들이 저자가 경험했던 강렬함을 경험한다면 읽는 것에 그치지 않고 감동받은 글을 한 줄 평으로라도 남길 수밖에 없습니다. 이것이 독서 일지입니다.

코로나바이러스가 우리의 폐와 심장과 신장에 들어와 엄청난 영향을 주고 자신의 존재 의미를 남겨 놓듯이 책에 들어있는 칼이 뇌와 심장에 박혀 버린 것을 글로 남기는 것이 독서 일지입니다.

독서 일지는 소고기와 햄버거 패티로 비유할 수 있습니다. 책이 블랙 앵거스라고 한다면 한 줄이라도 기록하는 독서 일지는 햄버거 패티라고 할 수 있습니다. 블랙 앵거스가 맥도날드의 그릴 위에 있을 수 있지만 그릴 위에 있는 패티가 캘리포니아의 초원에서 풀을 뜯을 수는 없습니다.

책을 읽기 시작한 느낌과, 책을 읽어가는 변화와, 책을 읽은 후의 감정을 섞어놓은 것이 독서 일지입니다. 감동은 짧고, 결심은 더 짧고, 기억은 더더욱 짧습니다. 오직 기록만이 길고 긴 수명을 가지고 있습니다.

독서 훈련 : 반복, 집중, 꾸준함의 훈련

하루에 책 한 권은 읽을 수 있습니다.
그런데 다음 날도 읽으려면 조금 어려워집니다. 일주일

동안 매일 하루에 책 한 권을 읽는 것은 조금 더 어렵습니다. 한 달 동안 매일 책 한 권을 읽는 것은 매우 어렵습니다. 6개월, 1년 동안 매일 책 한 권을 읽었다면 놀라운 일입니다. 이는 혁명이라고 표현해도 손색이 없을 정도입니다.

이렇게 하루에 책 한 권을 읽으려면 반복해야 합니다.

그리고 그 반복에 집중할 수 있어야 하며 꾸준히 해야 합니다. 뼈를 깎는 고통과 훈련이 있어야만 매일 하루에 한 권의 책을 읽을 수 있습니다.

누구나 하루에 책 한 권 읽기를 할 수 있습니다.

그러나 한 달, 두 달, 일 년은 할 수 없습니다. 누구나 할 수는 없지만 누군가는 하고 있기에 우리는 누구나 할 수 없는 것을 할 수 있을 때까지 해야 합니다.

이때 가장 중요한 것은 반복입니다.

매일 똑같은 일을 똑같이 하는 것입니다. 이런 루틴을 가지고 살아가는 것은 쉽지 않습니다. 반복적인 자기 복종과 훈련이 안 되면 지속성을 갖추기 어렵기 때문입니다.

말콤 글래드웰의 「아웃 라이어」라는 책은 1만 시간의 법칙을 이야기합니다. 1만 시간은 어느 분야에서 놀라운 성과를 이루기 위해 필요한 시간입니다. 이는 적어도 한 분야에서 10년 이상을 경험해야 도달할 수 있는 시간입니다.

독서는 1만 시간이 절대적인 의미를 갖지 않습니다. 하지만 1만 시간의 독서라면 충분히 독서광이 될 수 있습니다. 1만 시간을 꾸준히 독서했다면 하루에 한 권의 책을 읽을 수 있는 사람이 되었을 것입니다.

뇌에게 하루에 한 권의 책을 읽는다는 습관을 들이면 뇌는 하루에 한 권의 책을 읽을 수 있는 준비를 합니다. 훈련이 습관이 되고 습관이 삶이 되고 삶이 숨이 되면 책을 읽는 것도 숨을 쉬는 것처럼 일상의 삶이 될 수 있습니다. 결국 오래되어도 악습이 없는 것이 독서입니다. 오랜 시간이 지나도 적폐가 되지 않는 것이 독서입니다. 오랜 시간을 보내도 변질되지 않는 것이 독서입니다. 독서 훈련이 계속될수록 우리는 새로운 것을 발견하게 되고 새로운 것을 보게 됩니다.

독서 훈련이란 결국 좋은 물건을 살피는 것입니다.

여러 가지 상품들이 전시되어 있는 곳에서 물건들의 특성, 장·단점, 물건을 만든 이의 아이디어, 이 물건의 쓰임새 등을 하나하나 살피는 것과 같습니다. 물론 독서의 완벽한 훈련이란 없습니다. 책을 읽으면서 나에게 가장 알맞은 독서법을 발견하는 것이 필요합니다.

누가 하루에 한 권을 읽는가?

진리에 배고픈 사람

지식에 대한 절박함이 있는 사람이 일일 일책을 할 수 있습니다.

같은 음식이라도 절박함을 가지고 음식을 만드는 사람과 배부른 사람이 만드는 음식은 다릅니다. 독서도 독서의 배고픔을 느끼는 사람만이 책을 읽을 수 있습니다. 일일 일책의 독서는 '어떤 절박함으로 책을 대하는가?'에 대한 결과입니다.

매일 먹어도 질리지 않는 음식은 뻔한 음식입니다.

밥, 김치, 된장, 고추장…. 늘 있는 듯 없는 듯 식탁에 올려지는 음식이지만 이것들 없이는 밥을 먹을 때 뭔가 허전함을 느낍니다. 독서도 마찬가지입니다. 읽어도 읽어도 뻔하지 않고 특유의 진리와 미지의 세계에 대한 호기심을 던지는 그 맛을 찾을 때 하루에 한 권의 독서가 가능합니다.

배고픔을 채우는 방법은 크게 두 가지가 있습니다.

배고픔을 빨리 면하기 위해 인스턴트식품으로 위장을 채우는 방법입니다. 다른 방법은 시간이 조금 걸려도 맛있는 집 밥을 해먹는 것입니다.

인스턴트식품은 빠른 시간에 배를 채울 수 있다는 장점

이 있습니다. 그러나 영양의 불균형, 과도한 조미료의 사용 등과 같은 단점도 있습니다. 그리고 인스턴트식품에 길들 여지면 집 밥의 맛에 실증을 내기 쉽다는 것도 단점입니다. 집 밥은 숙성 시간이 필요합니다. 기다림의 시간을 가져야 만 집 밥을 먹을 수 있다는 뜻입니다.

우리는 휴대폰이라는 이름의 작은 컴퓨터 한 대를 손에 쥐고 사는 세상에 살고 있습니다. 덕분에 언제, 어디서든 검색을 통해 필요한 정보를 얻습니다. 구글과 네이버 같은 회사들은 검색이라고 하는 수단과 방법을 통해서 필요한 정보를 제공합니다.

'얼마나 빠르게, 더 많은 정보를 검색할 수 있는가?'는 그 회사의 능력의 척도입니다. 지금은 알고리즘으로 자신이 검색한 정보들을 일률적으로 만들어서 제공하는 새로운 기술들이 등장했습니다. 연관 정보를 검색할 필요 없이 알고리즘 프로그램은 우리에게 필요한 정보들을 제공해 줍니다.

이런 정보의 세상에서 책을 읽으며 사색해야 하는 독서는 오랜 시간 배고픔의 시간을 가져야 합니다. 인내하며 기다릴 수 있어야 합니다.

미국에 살면서 햄버거는 한 끼의 배고픔을 해결할 수 있는 음식이 되었습니다. 이민 생활 20년이 지났지만 된장찌개와 청국장을 끊을 수 없습니다. 오랜 시간 숙성된 음식이 주는 깊은 맛을 알아버렸기 때문입니다. 마찬가지로 책을 읽는 사람은 오랜 숙성의 시간이 주는 맛의 깊이를 경험한 사람입니다. 이런 깊은 진리의 맛을 아는 사람은 책을 읽습니다. 책 한 권을 읽으면서 경험하는 숙성의 맛을 끊을 수가 없기 때문입니다. 이렇게 숙성된 맛은 무엇과도 비교할 수 없습니다.

유럽에서 가장 좋은 향을 발하는 향수는 불가리아산 향수입니다. 불가리아는 산맥이 있어 다른 동유럽 국가들에 비해 해발 고도가 높은 편입니다. 고원에서 자라는 불가리아산 꽃은 고도에 위치한 자신의 위치까지 벌과 나비가 날아들도록 사력을 다해 향기를 발산합니다. 적당한 향기로는 높은 곳까지 벌과 나비가 날아들지 않기에 벌과 나비를 유혹해서 열매를 맺기 위해서는 진한 향으로 불러들여야만 합니다. 벌과 나비들은 고도에 위치한 꽃이 뿜어내는 진한 향기를 잊지 못해 그다음 해에도 높은 곳까지 날아갑니다.

진리에 배고프다는 것은 이렇게 깊은 곳에서부터 풍겨 나오는 향기와 맛을 경험했다는 뜻입니다.
다른 무엇과 비교할 수 없는 탁월함을 체험하고 나면 절대적인 것이 됩니다. 아무도 찾아주지 않는 곳에서 우연히 발견한 진리를 맛보고 또 다른 잊을 수 없는 맛을 찾아 떠나는 여정이 독서입니다. 진리에 목마르다는 것은 한 번의 향기와 한 방울의 꿀로 세상 어디에서도 맛볼 수 없는 생명의 맛을 전달하는 것입니다.

질문을 잘하는 사람

질문을 할 수 있는 사람은 뭔가를 아는 사람입니다.

내가 무엇을 알고, 무엇을 모르는지를 아는 사람입니다.

질문을 하는 사람은 내가 더 알아야 할 것과 더 중요하게 여겨야 하는 것이 무엇인지를 정확하게 아는 사람입니다.

질문을 하는 사람은 상대방이 이야기하는 것이 무엇인지 정확하게 아는 사람입니다.

그런데 한국인은 의외로 질문을 잘 안 한다고 합니다.

이는 한국 교육의 문제라고 지적하는 사람도 있습니다. '이런 걸 질문해도 될까?'라는 염려와 질문 후에 되돌아올 선생님의 반응 때문에 한국인은 어려서부터 질문을 하지 않는다고 합니다.

미국에서 공부하면서 학생들의 질문 태도를 보고 놀란 적이 있습니다. '저런 것도 질문하나?' 싶을 만큼 사소한 것을 묻는 것에 놀랐고 그 질문에 세상 진지하게 답하는 선생님의 태도에 또 한 번 놀랐습니다. 그런데 참 신기한 것은 그 질문으로부터 무언가 새로운 문제와 답들이 연속적으로 전개된다는 것입니다.

　최근 주목받고 있는 '하브루타' 역시 질문하는 공부법입니다. 질문하고 답하고, 답하다가 질문합니다. 반복적인 질문이 세계 최강의 유대인을 만들었습니다.

　'하브루타'는 질문으로 이루어지는 공부법입니다. 유대인 랍비들은 학생이 학교에 입학하면 질문하지 않는 학생을 집중적으로 관찰한다고 합니다. 학생이 질문하지 않는 것은 배움에 관심이 없거나 가르침에 대한 이해가 부족하다고 생각하기 때문입니다. 그래서 랍비들은 질문하지 않는 학생이 가장 큰 문제라고 말합니다. 지금의 유대 사회를 만든 것은 '하브루타' 교육과도 밀접한 관련이 있습니다.

　"하브루타는 짝을 지어 질문하고 대화, 토론, 논쟁하는 것을 말한다. 이것은 유대인들이 토라와 탈무드를 공부할 때 서로 짝을 지어 토론하고 논쟁하는 것에서 시작되었다. 내가 보기에 유대인들이 아이비리그에 30%가량 들어가고 노벨상을 30%가량 차지하는 핵심 비결은 바로 이 하브루타에 있다." -「자녀교육 혁명 하브루타」(전성수 저, 두란노 p129)

　결국 유대인 교육은 계속해서 질문하고 또 질문하도록 하는 하브루타의 정신과 뻔뻔할 만큼 자신의 의견을 주장하는 후츠파 정신으로 무장되어 있습니다. 그래서 그들은 묻는 것에 주저하지도 부끄러워하지도 않습니다. 질문하지 않는 가장 큰 이유는 '내가 모른다는 것을 들키지 않으려는 마음'입니다. 우리는 이렇게 모른다는 것을 드러내기 싫어합니다.

이런 상황이 계속되면 내가 정말 무엇을 모르는지조차 알 수 없습니다. 그래서 책 읽기는 스스로 질문할 줄 아는 사람이 할 수 있습니다. 책에 나오는 이야기든지, 선생님의 가르침이든지, 목회자의 설교든지 그냥 듣지 않고 되묻는 습관이 필요합니다.

저는 '저 말이 진짜일까?'라는 태도를 '거룩한 삐딱함'이라고 부릅니다. 거룩한 삐딱함은 우리가 통념적으로 받아들이는 것에 새로운 의문을 갖게 만듭니다.

질문은 틀에 박힌 생각에서 벗어나 뜻밖의 장소에서 만나게 되는 새로움에 대한 익숙함과 친숙함을 깨부수는 시작입니다. 가령 '왜 남자만 목사 안수를 받아야 하는가?'라는 생각을 해본 적 없는 내게 '왜?'라는 질문을 해보았습니다.

미국 침례교단은 아직 여성 안수 문제를 허용하지 않기에 그런 질문조차 하지 않은 것은 당연합니다. 그러나 질문해야 합니다. 이렇게 스스로에게 질문해 보니 목사 안수에 대해서, 역사에 대해서, 미국 침례 교회에 대해서 궁금해졌고 여성 안수에 대한 자료나 책을 찾아보기 시작했습니다.

질문이라는 것은 틀에 박혀 불편하지 않게 여기던 것들을 불편하게 여기게 합니다. 편안하던 일상에 불편함을 더하는 것입니다. 질문은 친숙함을 포기하고 욕 얻어먹기를 각오할 때 나타나는 용기입니다. 이런 질문이 시작되면 알고 싶고, 알게 되면 보이고, 보이기 시작하면 사랑하게 됩니다.

좋은 질문은 무엇일까요?

제가 생각하는 좋은 질문은 돌이킬 수 없는 변화입니다.

마틴 루터가 성당의 계단을 무릎으로 기어 올라가면서 '이렇게 죄가 사해질 수 있나?'라는 질문을 시작했다고 합니다. 물론 정말인지 확인할 길은 없습니다. 그러나 알려진 대로 그는 죄에 대한 문제를 질문하기 시작하면서 면죄부와 막대한 양의 건축 헌금으로 천국에 갈 수 없다는 것을 인식했습니다. 그가 95개 조의 반박문을 성당 문에 내걸었을 때 이미 그의 삶은 돌이킬 수 없었습니다.

윌리엄 윌버포스도 자신이 해야 할 사명이 무엇인지 물었습니다. 그는 의회에 들어가 영국에 만연해 있는 노예 제도를 개선해야겠다는 소명을 발견합니다. 그리고 20년이 넘게 영국 의회에서 홀로 노예 제도에 반대하는 법안을 만들었습니다. 피 한 방울 흘리지 않고 윌버포스는 노예 제도를 폐지합니다. 이처럼 '내가 무엇을 해야 하는가?'라는 질문에서 아무도 돌이킬 수 없는 결과를 만들었다면 좋은 질문인 것입니다.

스스로에게 더 좋은 삶이 무엇인지를 질문하고 과거의 자신으로 돌아가지 않기 위해 책을 선택했다면 독서를 위해 이보다 좋은 동기유발은 없을 것입니다. 독서하는 사람은 끊임없이 물음표(?)를 던지고 물음에 답이 되는 느낌표(!)를 만들어갑니다. 결국 독서는 호기심이라는 진지한 물음표를 가슴에 잉태하여 스스로를 공감시키고 다른 사람까지 공감케 하는 느낌표를 출산하는 과정입니다. 이런 잉태와 출산의 기쁨을 아는 사람이 독서를 지속할 수 있습니다.

그렇다면 우리가 생각하는 좋은 질문이란 무엇일까요?

저는 범죄와 관련된 질문을 제외한 모든 질문을 좋은 질문이라고 믿습니다. 그중에서도 다른 사람의 호기심을 자극해 새로운 질문거리를 만드는 것을 좋은 질문이라고 생각합니다.

저는 차를 타고 샌프란시스코의 금문교를 지나면서 라디오를 통해 "911테러로 무역 센터가 파괴되었다"라는 뉴스를 들었습니다. 일반인의 희생도 안타깝지만 많은 소방관이 희생된 것에 무척 마음이 아팠습니다. 그 후 몇 년이 흘렀고 아이들이 자라 학교에 가게 되었습니다.

어느 날 부모 참관 수업에 참석했는데 선생님이 아이들에게 물었습니다.

"소방관들은 왜 자신의 생명을 희생하면서까지 헌신할까요?"

이 질문에 너도나도 손을 들고 소방관들을 칭찬하고 추모했습니다. 어떤 사람은 자신이 알고 있는 소방관의 무용담을 들려주었습니다. 모두 소방관에 대한 이야기를 쏟아냈습니다. 저는 이 질문 하나가 이렇게 많은 사람의 마음을 움직이고 새로운 질문과 다양한 답을 유도할 수 있다는 것에 놀랐습니다.

책에 대한 좋은 질문은 우리의 궁금증과 호기심을 계속해서 유발합니다. 그 궁금증과 호기심에 대한 답을 얻기 위해 우리는 지속적으로 독서하게 됩니다. 책이 질문을 만들고 그 질문이 다른 책을 가까이하게 하고 그 책이 다른 질문거리를 던져준다면 우리는 많은 독서를 할 수 있다고 믿습니다.

책도 끼니를 정하고 먹어봅시다

우리는 통상적으로 하루에 세 끼를 먹습니다.

언제부터 하루에 세 끼를 먹었는지 정확하게 알 수 없습니다. 그러나 역사 속에서 사람들은 하루에 세 끼를 먹는 쪽으로 합의를 이루었습니다.

'삼시세끼'라는 TV프로그램이 많은 사람들에게 좋은 반응을 얻었습니다. 출연자들이 아침, 점심, 저녁을 만들어 먹는 것이 프로그램의 콘셉트입니다. 무엇을 만들어 먹어도 상관없습니다. 어떤 방식으로 만들어도 상관이 없습니다. 심지어 아침, 점심, 저녁의 통상적인 시간이 아니더라도 세 끼를 만들어 먹는 것이 이 프로그램의 기본적인 룰입니다.

세 끼를 꼬박꼬박 집에서 식사하는 사람을 '삼식이'라고 부른다는 농담이 있습니다. 사람들에게 세 끼를 먹는 것은 시대가 받아들이는 통상적인 삶의 방식입니다. 그래서 이미 우리의 뇌는 하루에 세 끼를 먹지 않으면 '배고프다'라는 신호를 보내거나 '음식을 먹어야 한다'라는 신호를 보냅니다. 적어도 몇십 년 동안 내려온 학습에 의해 세 끼를 먹는 것이 일상화되었습니다.

하루에 세 끼를 먹듯이 하루에 책 한 권을 읽어야 합니다. 우리 몸은 하루에 세 끼를 먹어야 하는 것을 인식하고 그에 맞는 생활 리듬을 이루어 왔습니다. 일이 많아 점심을 거르는 날이면 뇌는 '점심을 걸렀다'고 계속해서 사인을 보냅니다. '점심을 먹지 않아 곧 당이 필요할 것'이라는 사인을 계속 보냅니다.

사실 점심 한 끼 거르는 것으로 큰일나지는 않습니다. 그러나 일상적으로 하루에 세 끼를 먹은 우리의 몸은 한 끼를 건너뛸 때마다 몸에 더 많은 양의 당분을 저장하게 됩니다. 우리 몸이 한 끼를 건너뛰는 것에 대비해 이미 많은 양의 당을 비축해 놓았는데 이것을 간과하고 식사를 하면 에너지 과잉이 발생해 균형이 깨집니다. 이럴 때 가장 많이 발생하는 병이 당뇨입니다.

인간의 뇌는 가장 경이로운 신체 조직입니다. 뇌가 활성화되고 뇌가 기억하면 뇌는 우리에게 일정한 시간 동안 책을 읽도록 신호를 보냅니다. 인간의 뇌는 체중의 2%가량을 차지하는 크기로 약 2kg을 넘지 않습니다. 그러나 뇌는 하루에 필요한 소비량의 약 25%의 에너지를 소모하며 산소의 20% 이상을, 몸 전체 혈류량의 20%를 사용합니다.

뇌는 많은 에너지를 사용해 우리 몸이 항상성을 유지하도록 합니다. 이 중 하나가 하루에 세 끼를 먹도록 기억했다가 신호를 보내는 것입니다. 책 읽기도 뇌가 기억하도록 습관을 만들어줘야 합니다. 빠른 시간 안에 반복적인 책 읽기를 하면 우리의 뇌는 기억합니다. 하루에 한 권의 책을 읽는다면 뇌는 책 읽기를 기억할 것입니다. 이것이 새벽이나 저녁에 시간을 정해놓고 규칙적으로 책을 읽어야 하는 이유입니다. 뇌는 좀 더 쉽게 우리의 책 읽기를 기억합니다. 그 기억이 계속해서 책을 읽을 수 있도록 도와줍니다.

뇌 과학자 이안 로버트슨은 "우리 뇌는 승리할 때 쾌감을 기억한다"라고 합니다. -「책수련」(김병완 저, 동아일보사 p195) 그래서 뇌에게 규칙적인 독서 승리의 기억을 만들어줘야 합니다. 습관적, 반복적인 독서로 인해 뇌가 바뀌면 결국 뇌는 독서하는 뇌가 됩니다. 독서하는 뇌를 갖게 되면 우리는 독서의 승리를 자연스럽게 경험하게 됩니다. 하루에 세 끼를 먹는 것처럼 자연스럽게 책을 읽는 뇌를 갖게 된다는 뜻입니다.

규칙적인 식사를 하지 않으면 몸의 균형이 깨지고 병이 드는 것처럼 우리가 규칙적으로 책을 읽지 않으면 몸이 반응하도록 책을 읽는 것이 필요합니다. 삼시 세 끼를 먹지 않으면 몸이 반응하는 것처럼, 하루에 세 번 이상 책을 읽지 않으면 몸이 반응하도록 읽고 또 읽는다면 하루에 한 권의 책을 규칙적으로 읽을 수 있을 것입니다. 하루 세 끼의 밥을 먹고 수시로 물을 마시듯이 책을 읽어야 합니다. 책을 읽어야만 하루 세 끼의 밥을 먹고 간식을 먹고 커피를 마실 수 있어야 합니다.

인간은 하루 세 끼의 규칙적인 섭식을 통해서 성장합니다. 살다 보면 식사를 한 끼 정도를 거르거나 규칙적인 식생활을 하지 못하는 경우가 발생합니다. 하지만 기본적으로는 하루 세 끼의 식사를 잘해야만 인간에게 주어진 수명을 유지하는데 어려움이 없습니다.

두 딸을 키우면서 아이들에게 부모의 삶의 특성을 물려준 것이 있다면 삼시 세 끼를 먹는 것입니다. 첫아이를 키우면서 가장 힘들었던 일 중 하나는 아이가 밥을 잘 먹지 않는 일이었습니다. 모유에서 분유로, 분유에서 이유식으로, 이유식에서 부모가 섭생하는 음식으로 옮겨갈 때마다 사투를 벌이고 겨우겨우 삼시 세 끼를 먹여 성장시키기까지 많은 어려움이 있었습니다. 이처럼 삼시 세 끼도 그냥 먹은 것이 아닙니다. 단계와 훈련을 거치며 우리 몸이 받아들이도록 훈련해야 합니다. 그리고 몇십 년 동안 반복된 생활의 결과로 삼시 세 끼가 이뤄집니다.

책 읽는 습관을 갖고 싶다면 오래된 반복 훈련이 필요합니다. 적어도 세 끼를 먹듯이 책을 먹는 훈련을 지속적으로 했을 때 건강한 책 읽기가 자리를 잡습니다.

결국 책 읽기는 채움입니다. 적어도 하루 세 번 채움의 과정이 있어야 하루에 한 권의 책을 읽고 소화하는 능력을 가질 수 있습니다.

일일 일책을 하면…

읽히기 전에 읽을 수 있습니다

우리는 읽어야 합니다.

읽지 않으면 이해할 수 없고 이해하지 못하면 이기지 못합니다. 물론 책을 읽는 목적이 이기기 위함은 아닙니다. 그러나 읽으면 이길 수 있습니다. 하루에 한 권의 책을 읽으면 읽히기 전에 읽을 수 있습니다. 먼저 읽는 것이 중요합니다. 먼저 읽었을 때 좋은 결과가 있었던 경험을 잊을 수가 없습니다.

어린시절 시골에 살 때 서울에 갈 수 있는 방법이 많지 않아 태권도를 배우겠다고 부모님께 졸랐습니다. 승단 시험을 보려면 국기원에 가야 했기에 태권도장에 다니며 열심히 배웠습니다. 그러던 어느 날 꼭 가보고 싶었던 국기원에서 승단 시험을 보게 되었습니다.

승단 시험은 품새와 겨루기로 되어 있었습니다. 품새를 마친 후 몸무게와 키가 비슷한 학생 두 명이 겨루기를 하는 형식이었습니다. 초등학교 5학년 학생치고 키가 컸던 저는 비슷한 체격의 학생이 품새를 마치기까지 기다렸습니다.

그때 저는 대기석에 앉아 나와 겨루기를 할 학생의 경기를 읽어나갔습니다. 키와 몸무게가 비슷한 학생이 제 상대

선수가 될 것이기에 이에 합당한 선수를 찾아 그의 경기를 눈여겨보았습니다. 그러자 상대가 발차기를 한 후 몸이 앞으로 쏠린다는 것을 읽었습니다. 저보다 한 뼘이나 키가 큰 선수였기에 몸이 앞으로 쏠리는 그 순간이 기회라는 것을 알았습니다. 결국 제가 읽은 대로 그 학생과 겨루기를 하게 되었고 상대의 발차기를 유도하기 위해 페인트 모션을 사용했습니다.

저의 거짓 유혹을 읽지 못한 상대는 발차기를 했고 몸이 앞으로 쏠렸습니다. 그때 기회를 놓치지 않고 상대의 얼굴을 찍어 차 KO 승을 거두었습니다. 그때의 기억을 지금도 잊을 수가 없습니다.

제가 그 시합에서 이긴 이유는 여러 가지가 있지만 읽히기 전에 먼저 읽었기 때문입니다. 만약 상대가 저를 먼저 읽어 돌려차기 이후에 제 몸의 균형이 많이 무너진다는 것을 알았다면 제 부족한 부분을 적극 공략했을 것입니다. 그래서 먼저 읽어야 합니다.

책을 읽는다는 것은 먼저 읽는다는 것입니다.

아직 읽어 보지 못한 것을 읽기도 하지만 가보지 못한 곳을 먼저 읽는 것입니다. 새로운 것을 읽기도 하지만 이미 알고 있는 지식을 더욱 공교하게 읽기도 합니다. '지피지기면 백전백승'이라고 하는 말도 상대를 읽고 나를 읽으면 백

전백승을 할 수 있다는 뜻입니다.

요즘 스포츠 경기는 상대방을 읽습니다.

히딩크 감독도 월드컵에서 첫 승을 이루기 위해 상대를 읽었습니다. 폴란드 선수들의 특성을 먼저 읽고 팀을 읽었습니다. 상대가 우리 팀을 읽기 전에 우리가 상대 팀을 먼저 읽었기에 한국은 월드컵 첫 승을 거두었습니다.

8강전에서 만난 스페인 팀 역시 히딩크 감독에게 읽혔습니다. 히딩크 감독은 네덜란드인이지만 제2의 고향을 스페인이라고 할 만큼 스페인을 잘 아는 감독입니다. 스페인은 지역 간의 갈등이 많은 나라입니다. 지역적인 갈등으로 인해 국가를 대표하는 대표팀의 멤버들도 지역으로 나뉘어 있는 것을 히딩크 감독은 읽었습니다. 하나 되지 못한 스페인 팀이 승부차기 같은 고도의 팀워크를 발휘해야 하는 상황에서 집중력을 발휘하지 못할 것을 히딩크 감독은 읽었습니다.

결국 히딩크 감독은 스페인 팀의 문제를 정확하게 읽었습니다. 지역적인 특성이 강한 스페인 선수들이 협동하지 못한다는 것을 읽은 것입니다. 그렇게 먼저 읽었기에 승부차기를 준비할 수 있었고 읽기 전에 읽힌 스페인 팀은 최강의 축구팀이었지만 변방의 한국 팀에게 일격을 당했습니다.

비겁한 읽히기가 되지 않기 위해서는 잘 읽는 법을 배워야 합니다.

미국은 스포츠 강국입니다. 일 년 내내 프로 스포츠가 시즌제로 맞물려 쉴 틈 없이 돌아갑니다. 미식축구, 농구, 아이스하키, 프로 축구, 골프, 테니스, 육상 등 모든 종목의 스포츠를 사랑하는 나라입니다.

이런 프로 스포츠 중에서도 야구는 미국 사람들에게 가장 사랑받는 스포츠입니다. 2020년 코로나바이러스로 인해 미국 프로 야구 개막전이 늦게 시작되었습니다. 개막전은 휴스턴 팀과 L.A. 다저스가 격돌했는데 과거 휴스턴 팀은 몰래 사인을 읽어 우승을 한 적이 있습니다. 그해 월드 시리즈 상대는 다저스 팀이었습니다. 이런 이유로 첫 게임부터 상대를 향한 야유와 비난이 있었고 결국 감독과 선수들이 퇴장당하는 일이 벌어졌습니다.

2017년 월드 시리즈에서 휴스턴 팀은 비겁하게 상대의 사인을 읽었습니다. 결과는 휴스턴의 승리였습니다. 세상은 비겁하게라도 읽으려 듭니다. 읽히지 않으려면 먼저 읽어야 합니다. 다저스 팀이 휴스턴 팀의 비겁한 읽기를 읽었더라면 결과는 달랐을 것입니다.

일일 일책을 하면 읽히기 전에 읽을 수 있는 능력이 생깁니다. 적어도 무엇을 읽히지 말아야 할지 알 수 있습니다.

일일 일책을 하면 가장 중요하게 읽어야 하는 것이 무엇인지 알 수 있습니다. 동물도 사냥을 할 때 먹잇감을 먼저 읽습니다. 가장 중요하게 읽어야 하는 것은 먹잇감으로 적합하냐의 여부입니다. 부상을 당했거나, 새끼를 잉태 중이어서 빨리 뛰지 못하거나, 어려서 방어 능력이 없는 것을 먼저 읽습니다.

사냥감을 잘 읽지 못하면 아무리 용맹하고 날쌘 포식 동물이라도 제대로 사냥하지 못합니다. 심지어 사자가 먹잇감에게 낭패를 당하는 경우도 종종 생깁니다. 그래서 사냥감을 오래 눈여겨보아야 합니다. 그리고 자신의 먹잇감으로 적합한 사냥감이 무엇인지 읽어내려갑니다.

이렇게 포식자에게 읽혀 버린 동물은 사냥감이 됩니다. 포식자도 살아남기 위해서 빨리 읽어야 합니다. 초식 동물은 살아남기 위해서 읽히지 말아야 합니다. 그런데 동물도 그렇지만 사람도 너무 쉽게 읽히는 사람이 있습니다. 투명한 삶을 살아가는 것과 모든 것을 쉽게 읽히는 것은 다릅니다.

예수님께서 제자들을 선택하실 때 제자들을 먼저 읽으셨습니다.

예수님께서는 동족에게 따돌림을 당하던 마태를 읽으셨

습니다. 레위의 집안에서 태어나 율법과 이스라엘의 역사에 능통한 그의 능력을 먼저 읽으셨습니다. 그리고 그에게 "나를 따르라"라고 말씀하셨습니다.

아직 다듬어지지 않은 성품이었지만 용기가 있고 의리가 있던 베드로를 먼저 읽으셨습니다. "내가 너로 사람을 낚는 어부가 되게 하겠다"라고 말씀하셨습니다. 베드로는 초대교회에 많은 물고기를 낚는 전도자가 되었습니다.

목회는 읽는 일입니다.

이민 목회는 더욱 그렇습니다. 이민 성도들의 필요를 읽어야 합니다. 이민 교회에 출석하는 많은 분들에게는 숨겨진 사연이 있습니다. 이민 생활 20년쯤 되면 별의별 사연들을 저마다의 가슴에 품고 살아갑니다. 이민 목회에서 중요한 것은 이들의 사연을 읽어내는 능력입니다. 누구에게도 자신의 마음을 쉽게 열지 않는 사람들 속에 있는 암호를 해독하고 읽어내야 합니다. 잘못 읽었다가 낭패를 당하는 일도 많습니다. 웃고 있어도 마음속에 울고 있는 마음을 읽어야 하고, 왼손을 내밀었을 때 오른손에 감쳐둔 사연을 읽어야 그들과 목회를 해나갈 수 있습니다.

교회에 대한 생각을 읽을 수 있어야 합니다.

지금 원하는 것이 무엇인지 먼저 읽어야 합니다. 목회자에 대한 생각이 무엇인지 읽어야 합니다.

제 주변의 목회자들 가운데 성도들과 힘든 관계에 있는

분들을 보면 목회자가 그들을 읽기 전에 목회자가 먼저 읽혀 버린 경우가 많습니다.

 - 우리 목사는 대접받기를 좋아해!
 - 우리 목사는 돈을 좋아해!
 - 우리 목사는 부자들만 좋아해!
 - 우리 목사는 게을러!
 - 우리 목사의 설교는 인터넷에서 카피하는 거야!

목사에 대한 부정적인 이야기들을 들어보면 목사가 성도들에게 먼저 읽힌 내용이 많습니다.

 - 목사는 성도를 먼저 읽어야 합니다.
 - 성도들의 영적 상황을 먼저 읽어야 합니다.
 - 성도들의 지적 수준을 먼저 읽어야 합니다.
 - 성도들의 삶의 영역을 먼저 읽어야 합니다.

저도 먼저 읽혀서(들켜서) 목회에 어려움이 있기도 했고 때로는 읽혀 주는 일에 재미를 느끼기도 했습니다. 그러나 성도들의 진짜 마음이 무엇인지 읽을 수 있는 능력이 생겨난 후에는 제가 먼저 읽고 있습니다. 제대로 읽을 때 온전한 답을 줄 수 있기 때문입니다.

일일 일책은 사람을 읽어야 하는 방법을 알려줍니다.

책을 통해 어떤 사람은 돈을 읽었고, 어떤 사람은 정치를 읽었고, 어떤 사람은 삶을 읽었기에 책을 읽으면 사람을 읽을 수 있습니다.

올 해만해도 수없이 많은 책이 출판되었지만 내년에도 이만큼의 책이 또 나올 겁니다. 그것은 읽어내야 할 것이 아직도 무궁무진하다는 뜻이기도 합니다.

일일 일독은 우리에게 먼저 읽는 능력에 대한 중요성을 알려줍니다. 하루에 한 권을 읽을 수 있다면 어떤 상황에 처했을 때도 그 상황을 빠르게 읽을 수 있습니다. 정확하게 읽으면 정답이 보입니다. 반대로 정확하게 읽지 못하면 오답만이 있을 뿐입니다.

색다르게 읽을 수 있습니다

책은 바르게 읽어야 합니다.

그래서 '책 읽기'는 '책 바르게 읽기'의 다른 말입니다.

책을 바르게 읽는다는 것은 책을 통해서 삶의 변화가 분명하게 일어난다는 의미합니다. 책을 읽는데도 아무런 변화가 없다면 책을 잘못 읽은 것입니다. 우리는 책을 통해서 옳고 그름을 판단하게 됩니다. 옳고 그름은 바름으로 가기 위해 거쳐야 하는 중요한 단계입니다.

바르게 읽는다는 것은 책을 통해 내가 변화되는 체험을 하는 것입니다. 책과 체험이 만나면 능력이 되어 나를 변화시킵니다.

빨주노초파남보 – 저는 무지개색은 이렇게 일곱 가지라고 알고 있었습니다. 그것을 의심해 본 적이 없습니다. 그런데 미국에서는 무지개색을 여섯 가지로 표시하는 것을 보았습니다. 애플의 로고를 보면 여섯 가지 색을 사용합니다.

유럽은 다섯 가지 색으로 무지개색을 표시합니다. 미국에서는 남색을 사용하지 않고 유럽은 주황색과 남색을 뺀 다섯 가지 색깔을 무지개색이라고 합니다.

같은 무지개라도 나라와 대륙별로 인식이 다릅니다. 같은 무지개인데 누가 보고 읽느냐에 따라 색이 달라집니다.

색을 인식하는 것은 눈을 통해서지만 색을 구별하는 것은 뇌의 역할입니다. 뇌 구조를 바꾸지 않는 한 우리에게 무지개색은 일곱 가지입니다. 미국인에게는 여섯 가지, 유럽인에게는 다섯 가지일 것입니다.

결국 우리가 책을 바르게 읽고 색다르게 읽는다는 것은 우리의 생각의 의식에 다양한 인식 작용의 원리들을 제공하는 것입니다.

생각하는 대로 살지 않으면 살아놓고 생각하게 됩니다. 살아놓고 생각하는 것을 우리는 후회라고 합니다. 살아놓고 생각하면 많은 부분이 후회스러울 것입니다. 그래서 우리는 생각한 대로 살아야 합니다. 그리고 그 생각의 다양한 바름과 옳음을 독서를 통해 경험하게 됩니다.

색다르게 읽을 수 있다는 것은 특이하다는 것과는 다릅니다.

평범한 일상에서 비상함을 촉발하는 능력은 모두가 갖고 싶어 하는 능력입니다. 하루에 한 권의 책을 읽는다는 것은 매일매일 평범한 삶에서 색다른 일상을 만나고 경험한다는 것입니다. 새로운 세계와 색다른 생각을 하는 다양한 사람을 매일 만나 적어도 매년 300명이 넘는 새로운 사람으로부터 색다름을 소개받는다는 것입니다. 그러므로 책을 읽는다는 것은 자신의 문을 열고 삶을 밖으로 확장한다는 뜻입니다. 매일 한 권의 책이 주는 확장성을 경험한다면 우리가 매일 마주하는 문제 속에서도 놀라운 지적 확장성을 경험하게 될 것입니다.

'인생은 고해와 같다'는 말은 매일매일 새로운 문제와 고통의 문제들을 직면한다는 뜻입니다. 인생을 미리 살아봤다면 매일 경험하게 되는 문제들을 문제로 여기지 않을 수도 있을 것입니다.

코로나바이러스가 지구인에게 두려움을 주는 것은 누구도 이런 세상을 경험한 적이 없기 때문입니다.

하루에 한 권의 책을 읽을 수 있다면 책은 우리에게 문제

앞에서 대책을 세울 수 있는 지혜를 줍니다. 여기에 바르게 책을 읽었다면 책이 주는 비책과 대책을 경험했을 것입니다. 물론 이런 대책이 최상책이 아닐 수도 있습니다. 모든 비책이 최상책이면 좋겠지만 그렇지 않을 때도 많습니다. 하지만 책은 때때로 해결책을 줍니다. 코로나바이러스 사태가 발생했을 때 학자들은 많은 책에서 포스트 코로나에 대한 해결책을 다루었습니다.

인간이 하늘을 날고 싶어하는 욕망은 창조 이후부터 있었습니다. 오래된 그림과 문헌에서는 사람이 하늘을 날고 싶어하는 욕망을 나타냈습니다. 하늘을 날기 위해서 인류는 오랜 시간을 견뎌야 했고 그에 따른 기술력도 함께 발전했습니다. 결국 라이트 형제에 의해 비행기가 개발되기까지 인류는 수천 년의 시간을 견뎠습니다.

그런데 짧은 시간 안에 인류는 또 다른 도전을 하고 있습니다. 날아다니는 자동차를 만들겠다는 꿈을 꾸기 시작한 것입니다.

저는 지금도 기억하는 영화 '백투더퓨처'에서 멋진 타임머신 자동차를 본 후 '과연 하늘을 날고 시공을 초월하는 자동차가 등장할 수 있을까?'를 생각했습니다. 이것은 저만의 생각이 아니었습니다. 이 꿈을 실현하기 위해 메이저

자동차 회사들이 엄청난 투자를 했습니다. 그러나 모두 실패하고 말았습니다.

그런데 얼마 전 하늘을 나는 자동차에 대해 상당히 많은 부분이 진전되어 머지않아 하늘을 나는 자동차를 볼 수 있을 것이라는 뉴스를 접한 적이 있습니다. 그 실마리를 풀어준 것은 자동차 회사가 아니라 비행기 관련 벤처 회사였습니다. 자동차 회사들이 자동차가 하늘을 날기 위해서 필요한 것을 연구할 때 벤처 회사는 비행기가 도로를 달리고 주유를 하고 주차를 하기 위해서 필요한 것을 연구했다고 합니다. 이미 날아야 하는 문제를 해결했기에 날개의 크기를 줄이고, 비행기가 후진하도록 만들고, 스스로 주유하는 문제를 해결하면 날아다니는 자동차를 완성될 수 있다고 생각했다고 합니다.

색다른 생각이란 존재하지 않는 무엇을 생각해내는 것이 아닙니다. 수많은 실패와 실수 속에서 조금은 다르게 보고, 조금은 다르게 접근하는 것이 바로 색다른 생각입니다.

하늘을 나는 자동차를 생각하는 것이 일반적이라면 주행할 수 있는 비행기를 만들어 자동차로 공급한다는 것은 색다른 생각일 수 있습니다. 독서는 색다른 생각을 하는 사람들의 의견을 글로 옮겨 놓은 것입니다. 일일 일책은 우리에게 색다른 생각의 세계로 안내해 줍니다. 이런 색다른 생각이 우리의 실책을 줄이고 새로운 세계로 이끌어 주는 원동력이 됩니다.

우리가 실책을 줄이고 '주책'이라는 질타를 받지 않으려면 책을 바르게 읽을 수 있어야 합니다. 가정과 사회에서 우리에게 주어진 책임이 커질수록 실책을 최소화해야 합니다. 때로는 한 번의 실책이 회사를 파멸로 몰아넣기도 하고 한 번의 주책이 나라를 구렁텅이로 몰아넣기도 합니다. 목사인 제가 주책을 떤다면 성도들이 고통당하고 교회 공동체가 침체할 것입니다.

일일 일책을 한다고 해서 전혀 실책 하지 않는 것은 아닙니다. 하지만 실책과 주책을 동시에 부린다거나 사탄의 술책에 놀아나 주책을 부리는 일은 줄어들 수 있을 것입니다.

최근에 읽은 존 맥스웰의 「리더가 리더에게」라는 책은 스스로를 많이 질책하게 했습니다. 그것은 '책을 바르게 읽었다'는 반증이기도 합니다. 책을 읽는 동안 너무 아프게 스스로를 질책했습니다. '나는 좋은 리더가 아니구나'라고 스스로를 자책하게 되었지만 목회자라는 직책을 다시 한 번 생각하게 하는 계기가 되었습니다. 일일 일책을 할 때 책이 주는 놀라운 축복이 여기에 있습니다.

책은 바르게 읽는 능력과 색다르게 읽을 수 있는 지혜를 동시에 전달합니다. 책이란 사람이 나열해 놓은 단어의 조합이지만, 나의 생각을 나열하고 조합해 좋은 사람이 되도록 이끄는 힘이 있음을 경험하게 합니다.

결국 일일 일책은 잃어버린 우리의 사고를 바른길로 안내하고 하나밖에 보지 못했던 시각의 스펙트럼을 다양하게 하는 안내자가 됩니다. 이렇게 색다른 독서에 눈이 떠지면 우리만의 색감이 있는 독서를 발견하게 됩니다. 그래서 어떤 책은 강렬한 붉은색이고 어떤 책은 너무나도 정감이 가는 파스텔 계열이 되기도 합니다. 하지만 어떤 책은 너무 어두워서 힘들고 어렵기도 합니다.

개인적으로 경계하는 책의 색깔은 회색입니다. 결국 독서는 우리의 삶에 필요한 색을 입히는 것입니다. 일일 일책을 하면 우리의 삶에 색을 입히게 됩니다.

공감 능력과 영감을 얻게 됩니다

공감하는 글이 있고 영감을 주는 글이 있습니다. 또 공감을 하는 읽기가 있고 영감을 주는 읽기가 있습니다.

공감과 영감은 같은 듯하지만 다릅니다.

우리 가족의 일상에서 제일 공감되지 않는 것이 있다면 쇼핑입니다. 아내와 두 딸이 쇼핑몰에 갈 때면 느끼는 들떠 있는 마음을 저는 공감하지 못합니다. 마찬가지로 딸들은 제가 전자 상가에 갈 때의 흥분을 공감하지 못합니다.

공감은 마음과 심장 쪽에서 일어나는 작용입니다. 심장이 쫄깃해져서 아무것도 아닌 것에 눈물을 흘리거나 웃거나 화를 냅니다. 특별한 지식의 전달이나 정보의 공유가 일어난 것도 아닌데 고개가 끄덕여지는 것은 공감한다는 뜻입니다.

일일 일책을 하면 공감 능력이 커집니다.

책에 밑줄을 긋는 횟수가 점점 많아진다는 것은 그만큼 공감하는 부분이 많다는 것입니다. 언젠가부터 '내게 미술과 음악에 달란트가 있었더라면…'하는 마음이 생겼습니다. 한국에서는 누리지 못했던 미술품 전시회나 음악회를 이곳에서는 쉽게 접하기 때문입니다.

어느 날 아이들 숙제 때문에 미술관에 갔습니다.

그곳에서 그림 그리기의 원리에 대한 강의를 들었습니다. 잠시 후 모두에게 종이와 연필이 주어지고 "간단하게 집과 가족을 그려보라"라고 했습니다.

우리는 집을 그릴 때 무엇을 가장 먼저 그릴까요?

아마도 지붕일 것입니다. 저 역시 지붕부터 그렸습니다. 그런데 강사님은 "집을 지을 때 지붕부터 지으면 집은 무너집니다. 그런데 우리는 집을 그릴 때면 지붕부터 그립니다. 이게 올바른 것일까요?"라고 했습니다.

그 수업에 참여했던 분들이 대략 50여 명이었고 출신 나라도 다양했습니다. 그런데 집을 그리라고 하자 대부분이 지붕부터 그렸습니다. 저는 그 광경이 참으로 흥미로웠습니다.

'아마도 누군가 집을 그릴 때 그리기 쉽도록 지붕부터 그렸고 그것이 우리에게도 습관처럼 굳어진 것이 아닐까?'라고 생각해 보았습니다. 이날 출신 나라가 각각인 50여 명의 사람들 사이에서는 지붕 하나로 공감대가 형성되었습니다. 그렇게 공감대가 형성되니 아이들 숙제 때문에 방문한 미술관 수업이 저에게 큰 감동을 주었습니다.

일일 일책은 이런 공감 능력을 극대화합니다.

다양한 저자들이 가슴으로 써내려간 단어와 문장 하나에 공감하는 능력을 갖게 합니다.

'저자에게도 이런 일이 있었구나?'라는 것을 느끼게 합니다.

글이란 몸으로 부딪히며 얻어진 삶의 경험이기에 독서는 우리의 신경 세포를 깨워 공감하는 능력을 갖게 합니다. 공감으로 시작된 독서는 마음을 움직여 눈시울을 적시게 하고 각성을 일으켜 책과 함께 밤을 지새우게 만듭니다.

공감과 비슷하지만 조금 다른 영감은 일일 일책을 하면 얻게 됩니다. 공감이 오감을 통해서 반사적으로 나오는 끄덕임이라면 영감은 오감을 통해서 새로운 뇌의 반응을 이끌어 내는 것입니다.

우리는 영감이라고 하면 에디슨의 유명한 말을 떠올립니다.

"천재는 99%의 노력과 1%의 영감으로 이루어진다."

우리는 이 말에 얼마나 속아 왔는지 모릅니다. 노력만 하면 모두 에디슨이 될 수 있을 것 같았습니다. 그런데 결국 이 말은 "아무리 노력해도 1%의 영감이 없기에 절대로 에디슨 같은 천재가 될 수 없다"라는 뜻입니다. 99%에 달하는 노력이 있어도 1%의 영감이 없다면 에디슨이 될 수 없다는 말은 영감의 무게감이 어느 정도인지를 가늠하게 합니다.

영감은 노력으로 이루어지는 것이 아닙니다.

이 영감을 다른 말로 하면 직관, 창의력, 아이디어라고 표현할 수 있을 것입니다. 그 천재성의 1%는 타고나는 것일 가능성이 많습니다. 그런데 일일 일책을 하면 이런 영감이 생깁니다. 책을 읽으면서 글이 영화와 같은 영상이 되어 영감을 주는 경험을 했습니다. 이후 책이 우리에게 영감을 준다는 것을 분명히 깨달았습니다.

영감을 한마디로 정의하기는 어렵습니다.

경험에서 우러나온 제 경험으로는 영감이란 '기존의 사물이 가지고 있던 본연의 질서에서 새로운 질서를 만들어내는 지혜'라고 정의하고 싶습니다. 물론 더 좋은 정의가 얼마든지 있을 것입니다. 해 아래 새것이 없기에 없는 것을 창조하는 것은 쉬운 일이 아닙니다. 그러나 기존의 질서 속에 있는 것을 새롭게 조합해 새로운 질서로 만들어 주는 것 역시 창조적인 일이라고 생각합니다. 요즘엔 이런 일을 융합이라는 단어로 사용하기도 합니다.

이렇게 새로운 질서를 부여할 때 머릿속에 떠오르는 번뜩이는 아이디어 혹은 새로운 시각을 영감이라고 합니다. 일일 일책을 하다 보면 이런 영감이 번뜩일 때가 있습니다. 제가 지금 쓴 책의 내용들 역시 이미 누군가 사용했거나 주장한 것들입니다. 그런데 이미 사용한 아이디어들을 새롭게 정의하고 배치하면 얼마든지 새로운 글이 탄생합니다.

1942년 프랑스 파리의 뒷골목을 배회하던 한 중년 신사가 길가에 버려진 낡은 자전거 한 대를 유심히 바라보았습니다. 누가 버린 것인지 알 수 없지만 이미 그 자전거는 자신의 소임을 다하고 버려진 듯했습니다. 몇 분이 지나도 몇십 분이 지나도 꼼짝하지 않고 버려진 자전거를 바라보던 신사는 그것을 집으로 가져갔습니다. 그리고 자전거의 안장과 손잡이를 떼어내고 새로운 조합을 만들었습니다.
안장 위에 자전거의 손잡이를 거꾸로 붙여놓은 후 새로운 의미를 부여했습니다. '황소 머리'라는 이름을 붙여준 것입니다. 몇십 년이 지나 그 중년 신사는 세상을 떠났고 버려진 자전거로 만든 '황소 머리'는 런던의 경매 시장에서 약 300억 원에 낙찰되었습니다. 이것이 그 유명한 파블로 피카소의 '황소 머리'입니다.

'황소 머리'도 이미 존재하고 있던 것에 새로운 아이디어를 조합한 것입니다. 피카소에게 있었던 그 순간적인 생각, 혹은 그가 바라본 시각을 우리는 영감이라고 말할 수 있습니다.

일일 독서는 우리에게 그런 영감의 세계를 보여 주고 때로는 이전에 경험하지 못했던 생각의 세계로 우리를 이끌어 줍니다. 이것이 우리가 책을 읽어야 하는 이유입니다.

책 읽기의 임계점을 넘어서면 많은 책들의 내용이 이미 현존하거나 누군가 이야기했던 내용이라는 것을 알게 됩니다. 다만 저자의 특별한 경험을 쓴 내용은 다를 수 있습니다. 지금 이 글을 읽으면서도 유명한 저자의 글 혹은 얼마 전에 읽었던 어떤 저자의 글이 떠오를 수도 있습니다. 제게 글을 쓰도록 영감을 준 책들과 그 저자들의 필력이 나타날 수도 있기 때문입니다.

솔직히 글쓰기에 도전할 수 있었던 것은 그들에게서 받은 영감 때문입니다. 소설가 김훈 작가의 글을 읽을 때면 무릎을 치는 순간들이 있습니다. '글을 써야겠다'라는 영감은 김훈 작가의 글에서부터 시작되었습니다.

영화 '남한산성' 중에는 제 심장에 꽂힌 명대사가 있습니다. 이조판서 최명길이 한 말입니다.

"신의 문서는 글이 아니라 길이옵니다. 전하께서 밟고 걸어가셔야 할 길이옵니다. 죽음은 견딜 수 없고 치욕은 견딜 수 있사옵니다" -「남한산성」(김훈 저, 학고재 p315)

영화를 관람한 후 소설「남한산성」을 다시 꺼내 읽었습니다. 그러자 새로운 영감이 몰려왔습니다.

"태초에 말씀이 계시니라 이 말씀이 하나님과 함께 계셨으니 이 말씀은 곧 하나님이시니라"(요 1:1)

"예수께서 가라사대 내가 곧 길이요 진리요 생명이니 나로 말미암지 않고는 아버지께로 올 자가 없느니라"(요 14:6)

"태초에 말씀이 계셨다. 그 말씀은 곧 길이요 진리요 생명 이었다"(요 1장1절)

세상의 글도 길이 될 수 있거늘 하나님의 글이 길이 되는 것은 너무나도 당연한 영적 이치였음을 깨달았습니다. 이렇게 깨달음을 주는 것으로 우리의 영혼에 생명을 다시 줍니다. 저는 이런 글은 영감을 주는 글이라고 생각합니다.

제 글이 누군가에게 길을 보여 주고 안내할 수 있었으면 좋겠다고 생각합니다. 저는 이런 감동을 영감이라고 말하고 싶습니다.

성경이 말하는 영감은 하나님이 마음입니다.

하나님의 지혜와 감동을 말하는 것이며 신적인 계시를 소유하는 것입니다. 버려진 자전거가 피카소의 손에 의해 '황소 머리'로 재탄생해 새로운 가치를 얻었듯이 같은 시간, 같은 공간, 같은 일 등은 일일 일책을 거쳐 새롭게 탄생할 수 있습니다.

사실 일일 일책을 한다는 것은 저의 이기적인 욕망에서 시작되었습니다. 저는 '하루에 한 권을 잘 읽는다'라는 평가를 받고 싶었습니다. 그런데 저의 독서 이기심은 공감과 영감을 통해서 독서 이타심으로 바뀌었습니다. 일일 일책을 한다는 것은 공감과 영감을 통해 이기적인 독서에서 이타적인 독서의 길로 가게 된 것입니다.

'고지식'이 '고 지식'으로 바뀝니다

'꼰대'의 정의는 '고지식'이라고 할 수 있습니다.

고지식은 유연함을 찾아보기 어려운 상태를 일컫는 말입니다. 상대의 의견과 상황을 받아들이지 않고 자신의 생각만이 옳다고 주장하기 시작하면 고지식한 사람이 됩니다. 고지식의 특징 중 하나는 과거 자신이 경험한 특별한 때의 시점에서 벗어나지 못하는 것입니다.

이민 목회를 하면서 이런 이야기를 종종 듣습니다.

60년대에 이민 온 사람은 60년대의 사고에 매몰되어 있고 70년대, 80년대, 90년대에 이민 온 사람은 역시 자신이 이민했던 시대의 정서에 매몰되어 있다는 이야기입니다.

　이민자들은 의외로 한국을 방문하는 것이 힘듭니다.
　미국에 정착하면서 10년, 20년 가까이 고국인 한국을 방문하지 못하는 사람들이 의외로 많습니다. 이런 현실에서 이민자들의 사고와 행동은 본인들이 이민 온 시점에 머물러 있을 때가 많습니다. 그래서 여전히 사고가 몇십 년 전에 머물러 있게 됩니다.
　저도 1998년 IMF IS 시대에 미국에서 유학한 후 정착했기에 2020년대의 한국 사회를 정확하게 이해하기 어렵습니다. 그러나 책을 읽으면 사고의 확장과 경험의 확장을 통해 고지식해질 수 있는 상황에서 유연함을 얻게 됩니다. 새로운 자극과 배움이 없이는 변화되기 어렵습니다.

　자동차의 왕으로 불리는 미국의 헨리 포드는 "배우기를 멈추는 사람은 20세든 80세든 늙은 것이다. 반대로 계속 배우려고 하는 사람은 나이에 상관없이 젊다고 할 수 있다. 인생에서 가장 위대한 것은 마음을 젊게 유지하는 것이다"라고 말했습니다 – 「구글은 어떻게 일하는가」(에릭 슈미트, 조너선 로젠버그 외 1명, 김영사 p157)

고지식한 꼰대가 되는 것은 나이와 상관이 없습니다.

목회를 하다 보면 20대 꼰대를 만나기도 합니다. 30대, 40대 꼰대 역시 쉽게 만납니다. 이분들의 특징은 자신의 생각과 다른 것을 절대로 수용하지 않는 것입니다. 생각을 넓히고 수용성을 넓히지 않으면 영락없는 꼰대가 됩니다.

넓은 사고와 다른 것을 수용하는 힘을 일일 일독을 통해 기를 수 있습니다. 매일매일 다양하고 새로운 분야의 책을 접하게 되면 세상이 얼마나 넓은지, 얼마나 다양한 지식과 생각들이 존재하는지 알게 됩니다.

매일매일 읽고 또 읽어도 새로운 지식들은 또다시 쏟아져 나옵니다. 때문에 일일 일책을 하면 내가 알고 있는 것만을 주장할 수 없게 되고 고지식한 사고가 자연스럽게 고지식한(높은) 사고로 바뀌게 됩니다. 꼰대가 되지 않고 유연한 사람이 되기 위해서 일일 일독이 필요합니다.

세대마다 필요한 사고와 생각들, 경험들을 일일 일책을 통해 얻을 수 있습니다. 고지식함이 고 지식으로 바뀔 수 있는 가능성을 경험하게 됩니다. 고 지식으로 생각이 바뀐다는 것은 '성장 지향성'을 갖게 된다는 말입니다. 성장 지향성이란 말은 '배움을 멈추지 않는다'는 것을 의미합니다.

심리학자 케럴 드웩은 "지적 능력의 변화를 좋아한다"라고 말했습니다. 그는 자신의 저서 「The new psychology of success」(random house, 2006)에서 '성장 지향성'이라는 용어를 사용하면서 '사람은 변화될 수 있고 노력을 통해 새로운 것을 연마할 수 있다'라고 강조했습니다. 일일 일책을 하면 두 가지 모두를 얻을 수 있습니다. 새로운 것을 연마할 수 있고, 새롭게 변화될 수 있습니다. 일일 일책은 우리를 변화시키고 새롭게 하는데 가장 강력한 지적 훈련과 학습입니다.

어떤 사람에게는 목사와 그리스도인에 대한 인식이 좋지 않습니다. 혹자는 목회자에게 "꼰대 이미지가 강하다"라고 말하기도 합니다. 저도 가끔은 "태초에 하나님이 천지를 창조하시니라"라며 세상 사람들을 설득할 때 "꼰대, 꼴통" 소리를 듣기도 했습니다.

목회자에게는 질문하는 것이 쉽지 않습니다. 이유는 질문이 논쟁으로 변할 확률이 높기 때문입니다. 일부 목회자 중에는 논리정연한 대화와 설득보다는 신앙과 믿음을 강조하면서 상대방을 윽박지르는 경우도 있습니다. 설교도 논리와 이성적인 설득보다는 감성과 눈물에 호소하는 경우도 보았습니다.

이젠 목회자의 설교와 대화도 시대에 맞게 바뀌어야 합니다. 불타는 논리와 차갑지만 반박할 수 없는 고 지식으로 무장하는 것이 필요한 시대입니다. 일일 일책을 통해 세상의 많은 지식들을 성경의 고 지식 안에 녹여 넣어야 하는 시대입니다. 그것을 보여줘야 하는 시대입니다.

저는 일일 일책이 세상의 지식을 성경의 고 지식 안에 녹여 넣을 수 있는 수단과 방법이라고 믿습니다.

하루에 한 권의 책을 읽을 수 있다면 고지식한 우리의 사고가 고 지식한 삶으로 바뀔 수 있습니다. 우리에게 일일 일책이 필요한 이유입니다.

일일 일책과 산책

하루에 한 권의 책을 읽어도 이것을 소화하지 못하면 의미가 없습니다. 앞에서도 언급했듯이 책을 읽고 한 줄, 한 단어라도 읽은 책에 대해 요약을 해야 합니다. 아무리 고전을 많이 읽고 베스트셀러를 많이 읽어도 그 책의 내용을 소화하지 못하면 아무런 의미가 없습니다.

책을 읽고 사색(思索)을 하지 않으면 얼굴빛이 사색(死色)이 될 수 있습니다. 책의 내용을 묵상하고 곱씹어 보는 시간이 반드시 필요합니다.

책을 읽고 바로 묵상의 시간을 가질 수 있다면 가장 좋은 방법입니다. 그래서 저는 산책(가벼운 운동)을 적극 권장합니다. 책이 산책을 만나면 깊은 사색의 시간이 되고 그 사색은 우리에게 성찰과 고찰할 수 있는 기회를 제공합니다.

책이 산책을 만나면 길이 됩니다.
책을 읽은 후에는 책의 내용들을 되짚어보며 내 것으로 정리하는 시간이 반드시 필요합니다.
저는 매일 저녁 7시부터 8시까지 산책을 합니다. 아내와 집 주변의 산책로를 따라 동네 한 바퀴를 걷습니다. 한 시간 코스로 디자인된 산책로를 걸으면서 오늘 읽었던 책의 내용들을 머릿속으로 정리합니다. 그리고 정리된 것들을 아내에게 질문합니다. 아내에게는 질문이 어디로부터 온 것인지 이야기하지 않습니다. 후에 책에서 읽은 내용이라고 설명하고 책의 내용을 함께 나눕니다.

아내는 제가 이야기 한 책을 읽고 난 후 "직접 책을 읽을 때보다 당신이 설명한 것이 더 기억에 오래 남아요"라고 말하곤 합니다. 이 정도면 제가 책을 잘 읽고 잘 전달한 것입니다.
이렇게 책 내용 중에 궁금했던 부분을 질문으로 만들면 책 내용이 머릿속에 오래 남습니다. 그렇게 질문하고 답을 하면서 산책을 하면 한 시간 거리의 산책길이 짧게 느껴질 때가 많습니다. 아내와 함께하는 산책은 제게 있어서 책 내용을 정리하고 오래 기억하게 하는 중요한 시간입니다.

뇌는 휴식을 취한 후 다시 활성화되기까지 운동 시간이 필요합니다.

피곤한 뇌는 산책을 통해서 활성화되어 일할 수 있는 뇌가 됩니다. 독서를 위해서 운동(산책 등)은 너무나도 중요합니다. 체력을 단련해 책을 읽을 수 있는 육체를 만들어 준다는 점도 중요하지만 뇌를 활성화시켜 다시 책을 읽을 수 있는 상태로 만들어 주기에 더욱 중요합니다.

인간의 오감 중에서 뇌에 가장 큰 영향을 주는 감각은 시각으로 30-40% 정도를 차지합니다. 산책을 하면서 나무와 꽃을 보고 동네 이곳저곳을 구경하는 것만으로도 건강한 뇌(책 읽을 수 있는 뇌)를 만들 수 있습니다.

뇌 과학자들은 "뇌를 자극하려면 눈 운동을 하거나 눈을 자극하라"고 조언합니다. 때문에 뇌에 자극을 주려면 눈 운동을 할 수 있는 환경을 만들어 주면 됩니다. 탁구, 테니스, 축구, 농구 등과 같은 대부분의 운동은 눈이 함께 운동을 해서 정보를 전달해 주어야 하는 운동입니다. 운동은 우리의 뇌가 책 읽는 뇌로 활성화하는데 필수입니다.

개인적으로 산책은 가장 좋은 운동이라고 생각합니다. 한 시간 정도를 빠른 걸음으로 걸으면서 책의 내용을 정리하면 한 줄 요약이 가능합니다. 궁금했던 부분은 질문 형식으로 만들어 아내와 의견을 나누면서 약간의 논쟁을 하면 더욱 효과적이 됩니다.

인간의 뇌는 상당히 많은 에너지를 사용합니다.

특별히 뇌가 가장 많은 에너지를 사용할 때는 창조적인 생각과 새로운 정보를 받아들일 때입니다. 반면 뇌가 가장 많은 에너지를 방출하는 때는 정서적으로 어려울 때입니다. 우리에게 정서적인 안정이 필요한 것은 이런 이유 때문입니다. 우리의 마음이 불안하고 정서적으로 안정이 되지 않으면 뇌는 에너지를 빼앗깁니다. 이처럼 정서와 뇌의 기능은 대단히 밀접합니다. 화가 나있고, 정서적으로 불안하고, 마음이 낙심되어 있을 때는 학습 효과나 독서 효과가 현저하게 떨어지는 것도 이와 같은 이유입니다.

산책은 뇌와 마음에 안정을 줍니다. 산책을 하면서 정서를 빼앗기는 일은 없습니다. 오히려 산책을 통해 부정적이었던 마음이 긍정적으로 바뀝니다.

산책은 일석삼조 이상의 효과를 줍니다.

건강, 묵상의 시간, 한 줄 요약, 정리와 같은 단계적 과정을 수행하는데 대단히 효과적입니다. 거기에 덤으로 건강까지 보장합니다. 함께 산책하는 사람, 저의 경우는 아내와의 관계도 좋아집니다.

처음 산책을 할 때는 '이 시간에 책을 읽을까?'라고 생각했습니다. 한 시간이면 100페이지를 읽을 수 있는데 아깝다는 생각도 들었습니다. 그러나 오래, 길게, 평생을 책 읽기에 헌신하기로 마음먹은 후 산책도 독서의 일부분이 되었습니다.

저녁 시간에 약속이 생기거나 바쁜 일로 산책을 거르면 당연히 그날 오전 중에 읽은 책을 묵상하는 것도 할 수 없습니다. 이런 책들은 내용을 금방 잊어버립니다. 책을 필사하고 중요한 부분을 옮겨 적기 위해 책을 펼쳐들면 내용이 생소함을 느끼기도 합니다. 십중팔구 산책이 빠져 있는 책들입니다. 그날 어떤 이유에서든 산책을 하지 못해 묵상의 시간이 없었던 책들입니다.

책을 읽어야 하는 목적은 많이 읽기 위해서가 아닙니다. 많이 읽는 것은 책 읽기의 좋은 목표와 목적이 아닙니다. 책 읽기의 가장 필요한 목적은 책의 내용을 통해 나 자신의 변화와 삶의 목적을 발견하는 것입니다. 그렇게 하루하루 시간이 쌓이면 다독을 할 수 있게 됩니다.

저는 산책을 통해 책이 길을 만들어 준다는 것을 경험합니다.

책이 길을 만들어 준다는 것을 다른 말로 하면 책을 통해 어떤 문제 앞에서도 길을 찾을 수 있다는 믿음을 갖는 것입니다. 저는 이런 것이 독서가 주는 영적, 정서적, 경험적 믿음이라고 생각합니다.

'책은 좋은 것이다'라는 생각을 넘어 책은 힘을 준다는 믿음은 정서적으로 대단한 안정감을 줍니다.

「좋은 기업을 넘어 위대한 기업으로」(짐 콜린스 저, 김영사)라는 책에서는 좋은 기업에 머무는 순간이 곧 패망의 길임을 강조합니다. 좋은 기업은 위대한 기업이 되기 위한 변화를 시작해야 한다는 뜻입니다. 마찬가지로 좋은 생각에 머물면 좋은 생각이 사그라지고 맙니다. 좋은 생각이 위대한 믿음으로 발전하는 것이 필요합니다. 산책을 통해 생각을 발전시키고 정서적인 위대함을 공유하는 순간, 독서는 위대해집니다.

책이 산책을 만나면 '산 책'이 됩니다.

책을 읽는 이유는 책을 통해 살아있는 자신을 만나기 위해서입니다. 아무리 책을 많이 읽어도 책이 산 지식이 되지 못하면 아무런 의미가 없습니다.

산 지식이 있고 죽은 지식이 있습니다.

산 지식은 나를 살릴 뿐 아니라 이웃과 지역과 나라를 살립니다. 반대로 남을 생각하지 않고 자신의 안위만을 위한 지식이 될 때 그 지식은 죽은 지식입니다.

- 산책을 하면서 그날 읽었던 책을 묵상합니다.
- 산책을 하면서 책의 내용을 반드시 실천하겠다고 결심합니다.
- 산책을 하면서 책에서 배운 것을 반드시 삶에 적용하겠다고 결심합니다.

머리에 새기고 가슴에 새깁니다.

산책을 하면서 영혼에 새기는 시간을 갖습니다.

책을 필사하는 것도 산책하면서 결심했습니다.
산책하면서 '나도 일일 일책을 하겠다'라고 결심하고 다
짐했습니다.
산책하면서 '읽은 책은 반드시 사고하고 사고한 대로 행
하고 적어도 한 번은 책에서 배운 대로 실천하겠다'라고 다
짐했습니다.

나를 만나 살아나는 책이 있고 죽는 책이 있습니다.
살아나는 책은 여전히 강력한 영향력을 줍니다. 하지만
그 책을 읽었는지조차 잊고 있는 책들이 있습니다. 그 책은
죽은 책입니다. 그 책을 살려내려면 산책을 해야 합니다.
죽어가는 책을 소생시키는 방법은 책과 함께 산책하며 묵
상하는 것입니다. 잊혀 죽어가는 책을 다시 손에 들고 산책
하는 동안 책의 내용을 묵상하면 그 책은 심폐소생이 되어
기적적으로 살아납니다.
저는 산책을 통해서 책이 살아나는 것을 많이 경험했습
니다. 우리에게는 그렇게 죽은 책들이 생각보다 많습니다.
산책이 아니더라도 책을 살려낼 수 있는 나만의 방법을 찾
아보시기 바랍니다.

제3부

독

무엇을 읽고 어떻게 읽어야 할까?

성경만 읽는 당신
vs
다양한 독서를 병행하는 당신

가진 도구가 오직 망치뿐인 사람은 모든 게 못으로 보입니다.

아내는 웨딩 관련 사업을 하는데 모든 이야기의 끝은 드레스, 턱시도 혹은 웨딩 관련 이야기가 되곤 합니다. 사모인 제 아내는 새 가족이나 성도들을 호칭할 때도 가끔 "새 손님" 혹은 "하객들"이라는 단어를 사용합니다.

아내는 웨딩 사업에 집중하는 모습을 이렇게 보여줍니다. 한 곳에 집중한다는 것은 장점이 되기도 하지만 단점이 되기도 합니다.

좋은 목수가 되기 위해서는 다양한 도구가 필요합니다.

망치는 목수에게 중요한 도구지만 망치 하나로는 집을 완성할 수 없습니다. 독서의 목적을 이루기 위해서도 마찬가지입니다. 집을 짓기 위해 필요한 도구들을 준비하는 것처럼 독서의 목적을 이루기 위한 도구들을 준비해야 합니다.

좋은 목수는 연장을 탓하지 않지만 좋은 연장은 좋은 집을 만드는데 유용합니다.

성경은 구약과 신약으로 구성되어 있습니다.

총 66권의 책이 하나의 성경으로 협력하여 내용을 이루었습니다. 기자(記者)도 다양합니다. 40여 명에 달하는 기자들의 개성과 인격 그리고 인품이 성경 66권에 담겨있습니다. 시에서부터 역사서, 교훈집, 법률서, 편지, 예언서에 이르기까지 그 장르와 내용도 다양합니다. 언어도 히브리어, 헬라어, 아람어까지 다양하게 쓰였습니다.

한국 사람이라면 어려서부터 선택해야 하는 질문이 있습니다.

"엄마가 좋아? 아빠가 좋아?"

"짜장면 먹을래? 짬뽕 먹을래?"

이와 같은 질문들입니다.

"짜장면 먹을래? 짬뽕 먹을래?"라는 아직도 명쾌하게 답을 하기 어려운 질문 중 하나입니다.

독서를 시작하거나 독서에 입문하는 사람들도 질문을 많

이 합니다.

특별히 목회자들은 "성경 이외의 세상적인 책들을 읽어야 하는가?"에 대해 질문합니다. 저도 한때 성경 이외의 책들을 읽는 것에 대해 부담이 있었습니다. 성경을 읽을 때는 구약보다 신약을 더 많이 읽어야 한다는 부담감이 있었고 신약 중에서도 복음서 중점으로 읽어야 할 것 같은 압박감이 있었습니다. 독서는 다양한 도구를 만들어 가는 과정입니다. 다양한 독서와 폭넓은 독서가 우리에게 필요합니다.

성경을 많이 읽어야 합니다

어린 시절 촌에서 자란 저는 "공무원이 되라"라는 말을 가장 많이 듣고 자랐습니다. 촌의 어른들은 자식이 공무원이 되는 것을 좋아합니다. 아마도 촌의 어른들이 접할 수 있는 최고위층이 공무원이기 때문일 것입니다. 양복을 입고 사무실에 근무하며 약간의 권력도 있어 보였기에 촌으로 갈수록 공무원은 선망의 직업이었던 것 같습니다.

미국에서 살다 보니 미국 공무원의 삶은 한국 공무원과 많이 다르다는 것을 느낍니다. 낮은 연봉에 불안정한 고용, 많은 민원과 업무의 비전문성 같은 것도 눈에 보입니다.
코로나 사태와 같은 재난에 가까운 위기에 봉착하자 연

방 정부와 주 정부에서는 구조조정을 실시했습니다. 연방 공무원들과 주 정부 공무원들은 구조조정 1순위입니다.

부모님 세대에서는 공무원이 좋은 직업이었습니다.
현재도 '공무원은 국가가 평생 보장한다'라는 생각에 한국에서 공무원이 된다는 것은 안정적인 직업임에 틀림없습니다. 그러나 제가 미국에서 경험한 미국 공무원은 한국과는 많이 달랐습니다. 저의 경우처럼 우리의 생각이 한쪽으로만 굳어서는 새로운 세계와 세상을 받아들이기 어렵습니다.
목회자로, 그리스도인으로 성경을 열심히 읽는 것은 매우 중요합니다. 그러나 성경만 읽는다면 100점 만점에 51점(지극히 개인적인 생각)을 드리고 싶습니다.

- 성경은 대단히 훌륭한 고전입니다.
- 성경에는 경제학이 있습니다.
- 성경에는 역사가 있습니다.
- 성경에는 과학과 물리학과 천문학이 있습니다.
- 성경에는 의학이 있고 법률이 있습니다.
- 성경에는 인류가 알고 싶어 하는 모든 원리와 이론들이 들어있습니다.
- 성경은 하나님의 말씀이기에 그렇습니다.
그래서 성경만을 읽어도 우리가 살면서 필요한 많은 것

들을 이해하고 생각하는데 어려움이 없습니다.

그런데 우리는 하나님을 알지 못하는 사람들의 생각이 무엇인지 알 필요가 있습니다. 세상을 어떻게 바라보는지에 대한 그들의 현 상황을 알 필요가 있습니다. 어떤 측면에서는 지엽적으로 보일 수 있지만 그들에게 다가가기 위해서는 필요하다고 생각합니다.

지금 일어나고 있는 현 상황들을 이해하고 정보를 수집하기 위해서는 세상의 책들도 참고하는 지혜가 필요합니다.

성경은 하나님의 감동으로 이루어진 책입니다.

하나님이 사람들에게 말씀을 받아쓰게 하시지 않고 그들의 다양한 경험과 삶을 기록하도록 하셨습니다.

열왕기상·하와 역대상·하는 대부분 비슷한 내용으로 구성되어 있습니다. 한 가지 결정적 차이가 있다면 '바벨론 포로기 이전의 기록인가? 바벨론 포로기 이후의 기록인가?'입니다.

이 차이는 매우 중요합니다. 같은 사건이지만 바벨론 포로기 이전에 대한 왕과 나라에 대한 인식과 나라가 망한 후의 서러움을 가진 사람들이 쓴 내용이 같을 수 없기 때문입니다. 그래서 성경은 일방적인 메시지로 구성되어 있지 않습니다.

복음서도 무려 네 명의 기자를 골고루 선택하셨습니다.

같은 사건이지만 기자가 누구인지? 성경을 수신하는 자가 누구인지? 성경이 읽혀야 할 문맥(콘텍스트)은 어디인지? 에 따라 같은 복음서도 다양한 시각으로 기록되어 있습니다.

목회자와 그리스도인에게는 성경 읽기가 기본입니다.
그래서 저는 한 해가 시작되는 1월과 여름 사역을 마치는 8월에는 한 달 동안 성경 일독을 합니다. 1월은 전 교인이 성경 통독을 하고 8월에는 다양한 버전으로 성경을 읽습니다.

성경 읽기를 소홀히 해서는 안 됩니다.
과유불급은 '너무 많음은 없는 것보다 못하다'는 뜻입니다. 저는 없는 것보다 많은 것이 좋다고 생각하는 사람입니다. 성경만 읽는 것이 읽지 않는 것보다 말할 수 없이 좋은 것입니다. 다만 우리가 조심해야 할 것은 성경만, 나만, 우리 교회만, 우리 식구만, 우리 학교만, 우리 지역만이라는 생각이 지나친 것은 없느니만 못하다는 것입니다.

다양한 독서도 필요합니다

성경과 함께 다양한 책을 읽는 것도 중요하다고 생각합

니다.

처음 책 읽기에 도전하는 사람이라면 자신이 가장 흥미롭게 읽을 수 있는 책을 선택하는 것이 좋습니다. 소설도 괜찮습니다. 에세이나 시집을 읽는 것도 좋습니다.

저는 성경 다음으로 「삼국지」를 많이 읽었습니다.

초등학교를 졸업하던 해 아버지가 5권으로 된 「삼국지」를 선물해 주셨습니다. 저는 그때 처음으로 세로 읽기로 된 책을 봤습니다. 아버지가 선물해 주신 「삼국지」를 읽고 또 읽었습니다.

「삼국지」를 읽고 나서 「초한지」를 읽었습니다.

「초한지」를 읽다 보니 김용 작가의 책을 자연스럽게 더 읽게 되었습니다. 김용 작가의 소설을 읽게 되니 한창 한국의 극장가를 달구던 중국 누아르 영화에 흠뻑 빠져들었습니다. 그러고는 자연스럽게 한국판 영웅 이야기를 다룬 소설에도 관심을 갖게 되었습니다.

김홍신 작가의 「인간 시장」을 사기 위해 새벽부터 책방 앞에서 줄을 섰던 기억은 추억 중에 최고의 추억으로 남아 있습니다. 책가방 검사에서 「인간 시장」 소설책이 쏟아져 나와 선생님께 호된 꾸지람을 들었던 기억도 있습니다.

이렇게 시작된 한국 소설의 세계에서 「황제를 위하여」,

「추락하는 것은 날개가 있다」, 「우리들의 일그러진 영웅」, 「삼국지」까지 한동안 이문열 작가 앓이를 호되게 경험했습니다.

이외에도 이외수 작가, 최인호 작가, 혜성같이 등장한 공지영 작가 그리고 요즘 저의 최애템을 써주시는 김훈 작가와 이영하 작가는 저의 허기진 영혼을 글로 채워주시는 분들입니다.

여기에 한 가지 더 잊을 수 없는 것은 만화책입니다.

「공포의 외인구단」, 「드래곤 볼」, 「슬램덩크」, 고우영 화백의 「삼국지」 등은 글 읽기의 한편을 함께했던 책들입니다.

아버지가 사다 주신 「삼국지」가 꼬리에 꼬리를 물고 다양한 작가들의 글들을 읽게 했습니다. 그렇게 한 자 한 자 읽어 간 글들이 성경을 읽고 이해하게 만드는 기초가 되었습니다. 이렇게 소설책과 만화책 읽기를 좋아했으니 국어 과목을 좋아하는 것은 당연지사였습니다. 소설가가 되기 위해 국문과를 지원하려 했지만 저는 이과 학생이어서 생물학을 전공했습니다.

소설가들은 소설뿐만 아니라 에세이 형식의 글을 쓰기도 합니다. 저는 소설가들의 에세이를 보면서 다양한 작가들의 에세이를 접할 수 있었습니다. 처음 접한 책들이 새로운 책의 문을 열어주고 새로운 장르의 글에 관심을 갖게해 주었습니다. 소설가들의 책을 읽으면서 작가들은 자신만의 글을 쓰기 위해 다양한 글을 읽고 정보를 수집한다는 것을 알게 되었습니다. 좋은 글이 나오기 위해서는 다양한 책들을 읽어야 하는 것은 당연한 이치입니다.

시간이 흘러 세계 문학 전집, 노벨 문학상 작가들의 문학서, 외국 작가들의 스테디셀러, 현대와 고전을 넘나드는 다양한 책들을 접할 수 있었습니다. 물론 지구상에 있는 모든 책을 읽을 수는 없습니다. 하지만 수많은 책을 읽고 읽고 또 읽다 보면 마지막에 만나게 되는 책이 성경입니다.

이렇게 채우고 나면 그 후로는 성경을 통해서 나머지 모자란 부분을 채우게 됩니다. 우리의 허기진 영혼을 채우기 위해서 오른손에 성경 한 권이면 충분합니다. 그리고 왼손에 다양한 책을 잡을 수 있다면 우리의 영혼은 풍성한 것으로 채울 수 있게 됩니다. 다양한 책들을 만나고 나면 성경의 중요성을 더욱 뼈저리게 느낍니다.

세상의 책들은 작가의 다양한 경험들을 통해서 세상의 이치를 전달합니다. 세상 사람들이 이 세상의 모든 이치와 원리를 알 수 없기에 제한된 경험과 제한된 사고를 전달할 수밖에 없습니다. 작가의 주장이 절대적인 진리가 될 수 없습니다. 때문에 책의 내용이 아무리 훌륭하더라도 그 의견에 반대하는 주장이나 반박 그리고 오류를 지적하는 목소리가 나옵니다.

1만 시간의 법칙이라는 말을 들어본 적이 있습니다.

성공한 사람들의 삶을 살펴보니 숙련된 삶으로 무엇을 이루기 위해 적어도 1만 시간의 집중하는 시간이 필요했다는 주장입니다. 그러나 얼마 지나지 않아 1만 시간의 법칙에 대해서 반박하는 사람들이 등장했습니다. 1만 시간을 사용한 사람 모두에게 그에 상응하는 열매가 열린 것은 아니기 때문입니다. 그러자 또다시 1만 시간의 법칙을 옹호하고 그 주장을 대변하는 원리와 주장들이 등장했습니다.

수많은 공격과 거절을 경험하고 살아남아야만 세상이 인정하는 원리와 규칙으로 남게 됩니다. 그렇게 하나둘 살아남은 것이 책입니다. 한 가지 주제에도 수백, 수천 권의 책이 등장해 자신들만의 생각과 주장들을 펼칩니다. 그러나 책을 썼다고 해서 모두에게 인정받지는 못합니다. 때문에 베스트셀러, 스테디셀러라는 이름을 부여받는 것은 무척이나 영광스러운 일입니다. 그중에서도 '경전'이라 함은 세상 사람 모두에게 인정받는 책이기에 성스럽기까지 합니다. 경전이 되기 위해서는 수천 년의 시간이 필요하고 수없이 많은 사람들의 검증과 설명이 필요합니다.

성경은 이런 학문적인 거절뿐만 아니라 영적인 거절까지

견디면서 지금까지 읽혀온 책 중에서 가장 사랑받는 경전입니다. 그래서 다른 책들을 접하게 되면 성경의 위대함을 발견하게 됩니다.

저는 책을 읽기 전에도 성경의 위대함을 알았습니다.

그런데 책을 읽기 시작한 후 성경은 위대함을 더욱 깨달았습니다. 일일 일책을 하고 책을 좀 더 많이 읽게 된 후에는 성경이 하나님의 책이라는 것을 더욱 확실하게 알게 되었습니다.

고전 VS 베스트셀러

깊이 읽을수록 깊이 생각하게 되고 얇게 읽을수록 얇게 생각하게 됩니다.

고전을 읽어야 인생이 고전할 때 승리할 수 있음을 경험했습니다. 고전은 누구나 알고 있을 법한 책이지만 아직 읽지 않은 사람도 많을 것입니다.

고전은 적어도 몇백 년 동안 사람들에게 사랑받아온 글입니다. 시공을 뛰어넘고 문화와 세대를 뛰어넘는 글로 인정받는다는 것은 엄청난 사건입니다.

언어와 문자는 복잡한 연계성이 있습니다. 그 안에는 수많은 의미와 역사와 시간과 지혜가 담겨 있습니다. 영화 '황산벌'은 "거시기"라는 단어에 수만 가지의 조합을 만들 수 있다는 설정으로 오직 한국인만이 이해할 수 있는 의미입니다. 이렇게 단어 하나에도 엄청난 의미가 담겨 있기에 시대와 문화와 역사와 인종과 문자를 뛰어넘어 고전이 된다는 것은 엄청난 사건입니다.

한국에도 잘 알려진 마이클 샌델의 「정의란 무엇인가」는 하버드대학교의 교양 수업을 정리한 내용으로 잘 알려져 있습니다. 이 책 한 권으로 하버드와 미국 대학교 전부를 정의할 수는 없지만 적어도 하버드대학교의 단면을 알 수 있는 흥미로운 책이라는 것은 분명합니다. 더욱이 신입생들이 많이 듣는 교양 수업이라는 것에 의미가 큽니다. 사회학 수업이 아니라 인문학 강의라는 것은 하버드에 입학한 학생이라면 그 정도의 고전은 읽었을 것이라는 전제하에 강의가 이루어진다는 것에 놀랐습니다.

미국 대학은 다양한 리더들을 양성하는 목적을 가지고 있습니다. 그런데 미국 대학의 교육을 잘 살펴보면 다양한 읽기와 쓰기가 결국 대학 교육의 목적처럼 보입니다. 저 역시 전공은 생물학으로 대학원 공부를 시작했지만 교양 과목에서 어마어마한 분량의 책을 읽어야 했습니다. 그 후 신학대학원의 목회학 석사(M.DIV.)를 공부할 때 읽어야 할 책의 분량 때문에 엄청나게 고생했습니다.

제가 공부했던 풀러 신학대학의 수업은 책 읽기가 많았습니다. 엄청난 양의 책을 읽어야 했습니다. 10주 동안 진행되는 한 학기 강의에서 보통 전공 서적 4권, 퀴즈를 보는 참고 도서 3권, 북 리포트 3권 정도입니다. 그리고 마지막 10주에 제출하는 15장에서 20장 분량의 리포트에 명시해야 하는 레퍼런스(인용, 참고) 목록에 10권 정도의 책을 소화해 내야 합니다. 그것도 한 과목에 이처럼 많은 레퍼런스 목록을 만들어야 했기에 무척 방대한 양이었습니다. 당시 유학생이었던 저는 3과목을 선택했기에 읽어야 할 책 내용은 상상을 초월할 지경이었습니다.

수업을 따라가는 것은 더 힘들었습니다.

교수님들은 학생들이 다양한 책을 읽었을 것이라는 전제 하에 수업했습니다. 처음엔 도무지 이해가 되지 않았는데 아이들을 키우면서 이해가 되었습니다.

제가 살고 있는 곳은 LA에서 약 45마일가량 떨어진 렌초 쿠카몽가라는 지역입니다. 아이들이 이곳에서 초등학교, 중학교를 졸업하고 지금은 고등학생이 되었습니다. 아이들이 유치원에 들어가면 수업을 위해서 부모가 해야 하는 일이 있습니다. 학교에서 추천해 주는 책을 읽기 위해 아이들과 함께 도서관에 가는 것입니다.

렌초 쿠카몽가에는 오래된 도서관과 최신식의 현대적 도

서관이 있습니다. 두 도서관 모두 지역 주민과 학생들에게 완전 개방되어 있습니다. 도서관의 규모는 생각보다 방대합니다. 다양한 읽을거리는 물론이고 오디오북, 비디오북, 자료들, 열람실, 인터넷 시설 등. 저는 아이들을 핑계로 도서관을 너무 사랑하게 되었고 설교 준비를 위해 도서관을 자주 이용했습니다.

아이들은 학교에서 제공한 목록에 있는 책을 읽어야 합니다. 도서관에는 그 책들이 모두 구비되어 있습니다. 학교 도서관, 동네 도서관에는 고전부터 시작해 아이들에게 필요한 도서까지 모두 구비되어 있습니다.

그렇게 학교의 추천 도서를 읽으면 기본적인 고전을 모두 읽게 됩니다. 미국의 교육에는 자연스럽게 고전 읽기가 포함되어 있습니다.

큰 아이가 초등학교 3학년 때였습니다.

과제로 플라톤의 「이데아 평전」을 읽어야 했습니다. 물론 초등학생 수준에 맞는 책이었지만 플라톤을 읽고 토론하고 독서하는 습관을 통해서 고전을 읽는 습관을 기르는 것이 미국의 교육이라는 것을 알았습니다.

이런 교육을 받은 학생들이 대학원에 진학하기에 당연히 고전 읽기와 독서의 기본 학습량을 전제로 수업이 진행되는 것입니다.

그러나 책 읽기를 시작하면서 고전부터 도전하는 것은 한 번쯤 고려해 볼 필요가 있습니다. 고전은 어렵기 때문입니다. 고전을 읽겠다고 도전하다가는 고전하고 결국 독서를 포기하는 경우가 발생하기도 합니다.

고전 중에서 최고의 고전은 성경입니다.

성경은 고전 중에서도 가장 명확한 답을 알려 주는 고전입니다. 고전이면서 현존하는 최고의 베스트셀러는 성경입니다. 때문에 성경은 조금 어렵습니다. 하지만 성경은 그 자체만으로도 대단한 책입니다. 세상 어디에서도 성경 만큼 핍박받은 책은 없을 것입니다. 그렇게 핍박을 받고도 살아남아 지구상에서 가장 오래된 책이면서 최고의 베스트셀러 반열에 오른 책은 성경뿐입니다. 그래서 성경은 고전 읽기에서 절대로 빼놓을 수 없는 책입니다.

베스트셀러 VS 지금 화제의 책

베스트셀러라고 해서 꼭 좋은 책은 아닙니다.

베스트셀러는 현재 많은 사람들이 관심을 보이는 책을 말합니다. 가끔은 베스트셀러의 목록을 살펴보는 것도 필요합니다. 현재 사람들의 관심이 무엇인지를 알기에 가장 좋은 것이 바로 베스트셀러 목록입니다.

베스트셀러는 글의 내용보다 작가의 이름 덕분에 오르기도 합니다. 또한 좋은 광고와 기획에 의해서 베스트셀러 반열에 오르기도 합니다.

베스트셀러가 되기 위해서 가장 필요한 것은 화제성일 때가 많습니다. 2020년 최고의 화제는 코로나바이러스 시대에 관한 책이었습니다. 코로나바이러스에 대한 책과 코로나 시대의 경제에 대한 책들이 베스트셀러 목록 상위권에 들어있었습니다. 지금 사람들의 관심이 코로나로 인해 전개될 경제적인 문제임을 알 수 있습니다.

한국의 초대박 베스트셀러는 참고서가 아닐까 싶습니다. 참고서와 수능에 필요한 도서들은 항상 상위 베스트셀러에 오릅니다. 한국적 사고에서 보면 충분히 이해가 됩니다.
중국과 일본의 베스트셀러 상위 목록에도 참고서와 대학 진학에 필요한 도서들이 많습니다. 중국과 일본도 입시에 큰 비중을 두는 사회적 분위기라는 것을 우리가 알 수 있는 부분입니다.
「수학의 정석」과 「성문 종합영어」는 한국 현대사에서 빼놓을 수 없는 베스트셀러입니다. 한국이라고 하는 특수한 교육 상황에서만 나올 수 있는 특이한 현상이기도 합니다.

한국의 베스트셀러 목록을 보면 교육, 초대박 성공 신화,

유명인의 자서전 등의 책들입니다. 지금도 현실은 입시와 관련된 책들이 베스트셀러 목록의 상위권을 차지하고 있습니다. 아직까지 입시 문제에 대한 한국인의 정서를 반영하는 것입니다. 결국 '베스트셀러는 좋은 책이다'라는 명제가 옳은 것은 아니라는 뜻입니다. 그러나 '베스트셀러는 사회적인 모습을 반영한다'라는 명제에는 긍정할 수밖에 없게 됩니다.

미국의 베스트셀러 목록을 살펴보면 참고서나 대입에 필요한 도서들을 찾아보기 어렵습니다. 대부분 상위 목록에 해당되는 책은 자기 계발서, 경영 관련, 초대박 신흥 기업에 관한 책들, 주식과 개인의 성공 신화와 같은 책들입니다. 간간이 퇴임한 대통령들이 쓴 회고록도 베스트셀러 반열에 오르는 것을 봅니다.

역대 베스트셀러를 보면 성공한 CEO의 자전적인 성공 스토리 혹은 경영 관련 책들이 눈에 많이 보입니다. 미국이란 나라와 사람들이 가지고 있는 관심 분야가 무엇인지를 알 수 있게 합니다.

미국은 종교 관련 서적(기독교 목회자 저서)이 상위 베스트셀러에 위치하는 경우가 많습니다. 반면 한국에서는 목회자의 책이 베스트셀러 상위권에 오르는 것은 쉽지 않습니다. 하지만 미국에서는 목회자들의 책이 베스트셀러 1위를 기록하는 경우가 종종 발생합니다. 릭 워런 목사님의 「목적이 이끄는 삶」이나 조웰 오스틴 목사님의 「긍정의 삶」은 전 세계의 이목을 집중시켰습니다. 그 이전에는 로버트 슐러 목사님, 빌리 그래함 목사님의 책이 베스트셀러 1위에 올랐습니다.

책의 베스트셀러 목록을 보면 그 시대의 문화와 역사적인 흐름을 이해할 수 있습니다. 또 지금 살고 있는 현실 세계를 이해하는데도 많은 도움을 줍니다. 미국은 기독교적 배경 위에서 기독교적 가치를 추구하는 나라이기에 기독교적 색채를 띠는 책과 저자들이 많습니다. 제가 최근 읽은 책도 「공부하는 뇌」(다니엘 G 에이멘 저, 반니)입니다. 이 책은 종교 관련 서적으로 분류되지 않았음에도 기독교 관련 서적이라고 생각할 만큼 기독교적인 배경을 가지고 있습니다.

베스트셀러를 읽는 것은 독서를 시작하려는 분들에게 도움을 줍니다.
베스트셀러를 선택해 독서를 시작하면 독서에 취미를 붙이고 접근하는 것이 쉽습니다. 많은 평론과 다양한 사람들의 평가가 있기에 부담 없이 접근할 수 있습니다.
기독교 관련 스터디셀러들을 보면 기도에 관한 책들이 많습니다. 이것은 사람들이 기도에 관심이 많으면서도 기도를 제대로 하지 못한다는 반증이기도 합니다.

독서에 관한 책도 꾸준히 베스트셀러 목록에 오릅니다. 이것은 책을 읽고 싶어 하는 분들이 많다는 뜻입니다. 그리고 시대를 막론하고 책 읽기의 중요성을 느끼는 사람들이 많다는 신호입니다. 유튜브와 미디어 관련 서적들도 눈에 띄게 많이 소개되고 있습니다. 이것은 시대적인 상황을 반영하는 것이라고 생각합니다.

결국 베스트셀러라는 것은 시대적인 요구와 소비를 알려 줄 뿐 아니라 독서를 시작하려는 분들에게도 좋은 길잡이가 될 수 있습니다.

베스트셀러는 지금을 알려주는 책입니다.

사람들이 잘 알고 있는 이야기 중에 '세 가지 금'에 대한 이야기가 있습니다. '인간에게 가장 중요한 세 가지의 금은 황금과 소금 그리고 지금'이라는 이야기입니다. 이 세 가지 금 중에서도 '지금'은 '지금이 아니면 소유할 수 없는 금'입니다. 그래서 베스트셀러에도 관심을 가져야 합니다. 적어도 베스트셀러는 지금 사람들에게 관심을 받는 책이기 때문입니다.

목회자라면 특별히 지금을 읽을 수 있어야 합니다. 우리는 지금 목회를 하고 있고 지금 설교해야 하며 지금 사람들의 마음을 읽을 수 있어야 하기 때문입니다.

설교집 VS 소설책

종종 소설책을 들고 있는 저를 보고 의아해하시는 분들이 있습니다. 「82년생 김지영」의 조남주 작가, 「살인의 추억」의 김영하 작가는 지금을 살고 있는 사람들에게 사랑받는 작가들입니다. 때문에 이분들의 작품을 저 역시 무척 사랑합니다.

설교 준비를 위해서 설교집을 가까이하고 뒤적이는 것은 너무나도 당연한 일입니다. 목사라면 설교집 한 질 정도는 기본으로 가지고 있습니다. 몇백만 원을 투자해서 모아놓은 주석서도 엄청나게 많습니다. 솔직히 말하지만 저는 그렇게 수집해 놓은 주석서들을 처음부터 끝까지 읽어보지 못했습니다. '폼 나게 책장을 장식하는 장식품으로 전락해 버리지 않을까?'라는 생각이 들기도 합니다. 이것은 어디까지나 제 경우를 말합니다.

찰스 스펄전의 설교집, 마틴 로이드 존스 목사님의 설교집(강해 설교집), 캠벨 몰간, 조나단 에드워드, 존 스토트, 찰스 스윈돌과 같은 훌륭한 목사님들의 설교집들이 제 책장을 한가득 채우고 있습니다. 목회자인 저에게는 매우 귀중하고 소중한 책들입니다. 이런 설교집들은 설교를 작성하고 목회를 하는데 매우 귀중한 책들입니다.

목회자는 좋은 설교집을 구별할 수 있어야 합니다.

좋은 목회자의 설교와 좋은 설교집은 약간의 차이가 있습니다. 좋은 설교는 설교자의 목소리와 발음, 내용 전달력에 의해 결정될 때가 많습니다. 또한 좋은 설교자들의 말에는 힘이 있습니다.

반면 말에 힘이 있다고 해서 글이 좋은 것은 아닙니다. 종종 좋은 설교자의 설교가 글이 되었을 때 실망감을 주는 경우를 봅니다. 반면 설교에 많은 도전을 주지 못해도 글에 힘이 있는 설교자가 있습니다. 바로 캠벨 몰간 같은 설교자입니다.

영국의 강해 설교자 캠벨 몰간은 설교자로는 좋은 평가를 얻지 못했습니다. 저도 캠벨 몰간의 설교를 듣지 못했을 만큼 그는 유명한 설교자로 알려지진 않았습니다. 하지만 캠벨 몰간의 설교집은 대단히 훌륭합니다. 강해 설교를 하려는 설교자는 캠벨 몰간의 책을 반드시 읽어야 할 정도입니다.

좋은 설교자와 좋은 설교집이 같을 수 없다는 것은 이런 부분을 두고 말하는 것입니다. 사도 바울은 자신의 말에는 힘이 없었다고 고백합니다. 하지만 바울의 글이 있었기에 우리는 복음을 이해하게 됩니다. 좋은 설교집을 구별해 읽는 것은 대단히 중요합니다.

저는 개인적으로 목회자와 그리스도인에게 소설책 역시 유용하다고 생각합니다. 제가 소설을 추천하는 것은 목회 현장에서 만나는 다양한 사람들의 삶 때문입니다.

목회는 사람을 읽는 것입니다. 저는 사람과 목회를 하고 있습니다. 읽기 힘든 책이 있는 것처럼 읽기 어려운 사람이 있습니다. 지루한 책이 있는 것처럼 지루하기 그지없는 사람도 있습니다. 책을 읽으면서도 무슨 말인지 모르는 책이 있는 것처럼 도무지 정리되지 않는 사람도 있습니다.

성도들도 다 읽지 못해 어렵고 힘든 것이 목회입니다. 그런 저에게 사람에 대한 읽기 능력을 주는 책이 소설입니다. 저는 소설책을 볼 때마다 작가의 글보다 작가의 시각이 부럽습니다. 소설 속에 등장하는 한 사람 한 사람의 캐릭터를 볼 때마다 주변에 존재하는 누군가가 떠오릅니다. 결국 소설가들의 관찰을 통해서 완성된 사람의 모습이 소설 속 캐릭터입니다. 좋은 소설이란 그렇게 모인 캐릭터들을 통해서 사람들에게 고찰할 수 있는 힘과 능력을 주는 글이라고 생각합니다.

사실 관찰 하나만으로도 사람의 마음을 움직일 수 있습니다. 베르나르 베르베르의 「개미」는 관찰이 주는 통찰이 인간의 삶을 성찰하고 고찰하게 하는 현존 최고의 소설이라고 생각합니다(지극히 개인적인 의견입니다). 베르나르 베르베

르처럼 나는 성도들을 관찰하고 사람들을 읽어내려갔는지 반성합니다. 저는 「개미」를 읽으면서 1250호 개미가 된 것 같은 착각 속에서 소설가의 관찰 능력을 보았습니다.

소설은 이야기입니다.

이야기가 있는 글은 사람에게 흥미를 줍니다. 목회 현장에서도 이야기가 있는 사람들을 봅니다. 어떤 이의 이야기는 흥미로워서 더 많은 이야기를 듣고 싶어집니다. 반면 어떤 이야기는 지루하기 짝이 없습니다. 흥미를 떨어뜨립니다. 오히려 화가 나는 이야기도 있습니다.

성경을 제외하고 가장 많은 사람이 등장하는 소설은 「삼국지」입니다. 대략 1,233명이 등장하는 것으로 알려져 있습니다. 소설 한 권에도 등장하는 인물의 숫자가 많습니다. 그 사람의 출생, 성장 배경, 인간관계, 죽음까지 한 사람의 일생을 모두 알고 있어야 소설의 인물 하나가 탄생합니다. 소설은 사람이 살아가는 삶의 다양한 이야기를 담고 있습니다. 우리가 직접 경험하지 않아도 간접적으로 경험할 만한 이야기들을 전해줍니다.

소설은 사람의 이야기입니다.

사람의 이야기를 이해해야 사람을 사랑할 수 있습니다. 등장인물이 독특하고 많을수록 그 사람들의 이야기는 더 복잡한 갈등 구조를 이룹니다. 갈등 속에서도 사람을 이해하려고 하는 것이 소설입니다. 사람들끼리 부딪치고 깨지고 갈아지면 사람의 "ㅁ"이 닳고 둥글어져서 "ㅇ"이 됩니다. 그럼 사람이 사랑이 됩니다. 사람이 사랑이 되는 이야기가 소설입니다.

그러므로 '목회자가 설교집만 읽어야 하나? 소설도 읽어야 하나?'라는 논쟁은 그 자체가 무의미합니다. 좋은 목회자는 좋은 리더(글 읽는 사람)입니다. 좋은 리더는 어느 분야의 책이든 사람을 이해하고 사랑하기 위해서 글을 읽을 뿐입니다.

성경만이라도…

'고전과 베스트셀러, 설교집과 소설, 자기계발서, 인문학 등 어떤 장르의 책을 읽어야 하는가? 마는가?'라는 논쟁은 그 자체가 불필요합니다. 아직 어떤 장르의 책을 읽어야 할지 결정하지 못했다 해도 성경만은 반드시 읽어야 합니다. 성경이야말로 최고의 고전이며 베스트셀러이기 때문입니다. 성경은 전 세계의 거의 모든 언어로 번역되었습니다. 영어 버전도 다양합니다. 성경을 읽는 방법도 자신에게 알맞은 방법으로 읽는 것이 중요합니다. 어떤 방법도 이것만이 정답인 것은 없습니다.

우리 교회는 매해 1월을 성경 일독의 달로 정하고 전 교인이 성경을 읽도록 합니다.

대학시절 저는 예수님을 인격적으로 만났다고 생각한 후 매일 대학 병원으로 전도를 갔습니다. 그날도 기쁜 마음으로 전도를 하고 병원 로비에서 함께 전도하던 교회 성도를 기다리고 있었습니다. 그날 저는 교계에서 이단시되는 교회에 나가는 사람들을 만났습니다. 그들이 제시하는 성경의 구절을 보면서 무엇인가 잘못된 것이라고 생각했지만 반박할 수가 없었습니다. 방금까지만 해도 구원의 감격으로 구름 위를 걷는 것 같았지만 그들을 만나고 나서 그 기쁨은 사라졌습니다.

며칠 머리를 싸매고 끙끙거리다가 성경을 읽기로 마음먹었습니다. 그리고 성경을 읽기 시작했습니다. 아무리 성경을 읽어도 도무지 이해가 되지 않았습니다. 읽고 또 읽었습니다. 그렇게 시작된 성경 읽기는 대학 3년 내내 계속 됐습니다. 시간이 날 때마다 읽고 또 읽었습니다. 3년 동안 성경을 20번 가까이 읽던 어느 날 성경이 알아지기 시작했습니다. 틈만 나면 성경을 읽고 또 읽었습니다. 어느 날 성경이 통으로 이해되기 시작했습니다.

성경을 읽으면서 저는 구원을 확신하게 되었고 지금은 목

회자가 되었습니다.

"미쁘다 이 말이여, 사람이 감독의 직분을 얻으려 하면 선한 일을 사모한다 함이로다"(딤전 3:1)

말씀을 통해 소명을 발견했습니다.

말씀을 전해야 하는 목회자이니 성경 읽기는 생활 그 자체가 되었습니다. 큐티 묵상과 함께 성경 말씀 읽기는 삶이자 업이 되었습니다.

매년 1월이면 성경을 일독합니다.

8월이 되면 여름 사역을 마치고 성경을 다시 일독합니다. 설교는 성경 한 권을 선택합니다. 로마서 한 권, 야고보서 한 권, 이렇게 성경 한 권을 선택해서 강해 설교든, 주제 설교든 성경을 설교합니다. 그러면서 읽어야 할 본문을 선택합니다.

예를 들어 월요일에 로마서 1장 1-10절까지 설교한다고 하면 그날 로마서 전체를 읽습니다. 그리고 1장을 읽습니다. 화요일에 다시 로마서를 16장까지 읽고 1장 전체를 읽습니다. 이렇게 토요일까지 하면 적어도 로마서를 6번은 읽게 됩니다.

다음 주 1장의 본문을 설교하게 되면 또 로마서 전체를 읽습니다. 그리고 본문을 읽습니다. 그렇게 또 한 주를 로마서를 읽고 또 읽습니다. 그렇게 성경을 읽다 보면 선택한 성경을 집중해서 읽을 수 있습니다.

물론 이 방법이 정답은 아닙니다. 그러나 이렇게 성경을 읽으면 적어도 치우치지 않고 읽을 수 있습니다.

신약 설교가 끝나면 다음엔 구약 성경을 선택합니다.

창세기라면 창세기 전체를 읽습니다. 적어도 50주 동안 창세기를 설교한다면 50주 내내 매일 한 번은 창세기를 읽게 됩니다. 창세기처럼 분량이 많은 성경은 챕터를 정합니다. 창세기 1장부터 11장까지, 그리고 12장부터 아브라함의 이야기까지 이삭의 이야기, 혹은 야곱의 이야기까지 이렇게 챕터를 정하면 50장씩 읽지 않아도 설교하는 본문의 성경을 매일 읽을 수 있습니다.

성경은 읽으면 읽을수록 더 많은 하나님의 이야기를 증거합니다. 10번을 읽으면 10번을 읽은 만큼 하나님의 은혜를 내놓습니다. 20번을 읽어도 50번을 읽어도, 읽으면 읽을수록 더 풍성해지는 것이 성경입니다. 100번을 읽어도 새로운 것을 발견하는 책이 성경입니다.

성경은 신비로운 책입니다. 성경만이라도 읽어야 합니다.

성경으로 독서를 시작해도 좋습니다. 가장 좋은 방법이 될 것입니다. 성경 읽기는 가장 추천해 드릴 만한 독서 방법입니다.

제4부

서

읽으면 일어나는 변화

버리기 - 책을 읽어 가면
알게 되는 버려야 할 것

- 책을 읽으면 변화가 일어납니다.
- 책은 내면에 힘을 줍니다.
- 책은 읽어버려야 합니다.
- 책을 읽어야 하는 이유가 여기에 있습니다.

책이 주는 생명을 채우려면 먼저 비워야 합니다.

비움은 채우기 위해 꼭 필요한 과정입니다. 비움 없는 채움이 없고 채움이 없는 비움은 고갈일 뿐입니다. 그래서 책을 읽는 목적은 '버려야 할 것을 버리는 것'입니다.

"책을 읽는 목적은 버리기 위함입니다."

책을 읽어서 우리가 버려야 할 것이 무엇인지를 알아야

합니다. 책을 읽기 시작하면 우리가 버려야 할 것이 무엇인지를 알게 됩니다. 우리가 책을 읽지만 책도 우리를 읽어버립니다. 그러면 버릴 수 있습니다.

우리의 내면에는 버리고 살아야 할 것이 많습니다.

저는 책을 읽으면서 저의 얄팍한 지식으로 자랑하려고 하는 습관을 버렸습니다. 책을 읽으면 읽을수록 얼마나 얄팍한 지식으로 자랑거리 삼고 있는가를 알게 되었습니다. 부끄러웠습니다. 책을 읽기 전에는 알지 못한 부끄러움이었습니다.

책이 말해 줍니다. 모르는 것을 모른다 하고, 알아야 할 것이 아직 많다고 말하는 것은 부끄러운 것이 아니라는 것을 말입니다. 알지도 못하는 것을 아는 것처럼 살아가는 게 더 부끄러운 일이라는 걸 책이 말해 줍니다.

"채우려면 먼저 버려야 합니다."

버려야 채울 수 있습니다.

채우는 것이 먼저가 아니라 버리는 것이 먼저입니다.

버려야만 그 비워진 자리에 채울 수 있습니다.

저는 설교자이기에 무대에서 느끼는 공허함이 무엇인지 압니다. 스타들이 공연장에서 내려올 때 허무함을 느낀다고 합니다. 목사들도 주일 예배 후 강단에서 내려오면 허전함과 공허함을 느낍니다. 설교를 통해서 모든 것을 쏟아부

었기에 허무함과 공허함이 밀려옵니다.

더러의 목회자들은 그 공허한 자리를 무엇으로 채워야 할지 몰라 잘못된 것으로 채우기도 합니다. 그래서 목회자에게는 월요일이 가장 중요한 날입니다. 비운 그 자리를 말씀과 기도로 채워야 하기 때문입니다.

비우고 버려진 자리에 채움의 변화가 일어납니다. 잘 비워야 건강합니다. 잘 비우는 것이 건강함의 척도입니다. 잘 비우지 못하면 몸에 체증이 생깁니다.

무엇을 버려야 할지 몰라 버리지 못하는 경우도 있습니다.

독서는 무엇을 버려야 하는지 알려줍니다.

책은 우리가 무엇을 버려야 하는지 알려줍니다.

제 경우 가장 먼저 버려야 하는 것은 열등감이었습니다.

일류 대학을 나오지 못한 것, 대형 교회 목회를 하지 못하는 것, 박사 학위를 받지 못한 것 등…. 제 안에 열등감으로 가득 차 있는 것을 보았습니다. 열등감은 곧 상처로 나타납니다. 누군가에게 받았다고 생각했지만 상처는 내 안에 있던 것임을 알았습니다. 열등감의 열매가 상처였습니다. 들키지 않으려고 싸매두었던 것을 들춰내니 상처였습니다. 누군가가 가져다준 상처는 없습니다.

책은 이런 상처들을 버려야 한다고 알려 주었습니다.

책은 저에게 스펙과 세상적인 지위와 능력들이 필요하지만 가장 중요한 것은 아니라고 알려주었습니다.

사람에 따라 필요한 것과 중요한 것은 다르다는 것을 알려주었습니다.

책을 읽지 않으면 알 수 없는 것들이었습니다.

책을 읽으면 읽을수록 버려야 할 것이 무엇인지 더욱 분명히 알게 되었습니다. 또한 책을 통해서 그것들을 왜 버리지 못하는지 알게 되었습니다. 그것마저 버리면 아무것도 없다는 것을 너무 잘 알기에 상처마저도 내 것인양 끌어안고 살아온 것입니다. 버리고 나면 그 빈 공간을 채울 무엇이 없었기에 상처라도 끌어안고 살아가는 가련한 인생이었습니다. 그러나 이젠 그 공간에 무엇을 채워야 하는지 너무나도 잘 압니다.

책을 통해 존재감을 채우고, 세상의 지식도 채우고, 지혜와 아이디어로 채우니 버리면 버릴수록 이득이 되었습니다.

잘 버리면 잘 채울 수 있습니다.

미니멀리즘도 채움의 통로가 있을 때 시작해야 합니다. 버림을 통해 여백의 능력과 힘을 알 때 비로소 작품이 나옵니다. 버림을 깨달은 후 비움으로 채워나가는 한국화의 아름다움도 알게 되었습니다. 절묘한 비움과 채움의 아름다운 조화가 이루어진 것을 '여백의 미'라고 부른다는 것도 알게 되었습니다. 채울 것이 없는 사람은 이 공간을 부족함이라고 부릅니다. 그래서 목마르고 허기지고 아픕니다. 채울 것이 있는 사람들은 이 공간을 여백이라 부릅니다. 여유라고 말하기도 합니다.

이처럼 버릴 때 채워집니다. 열등감을 버리기 시작하자 독서를 통해서 건강한 자존감이 채워지기 시작했습니다.

쉽게 포기하려는 마음을 견디게 합니다

독서는 인내심과 지구력을 길러줍니다. 적어도 책 한 권을 읽으려면 인내심과 지구력이 필요합니다.

하루에 한 권의 책을 5년 동안 읽으려면 많은 인내와 지구력이 필요합니다. 독서는 쉽게 포기하는 마음을 버리게 해주었습니다. 적어도 지난 5년 동안 중간에 포기한 책이 없었습니다. 책을 선택해서 읽다 보면 '왜 이런 책을 선택했을까?'라는 후회를 하기도 합니다. 때로는 두꺼운 책의 페이지를 보고 지레 겁을 먹는 경우도 있습니다.

사실 제가 포기한들 뭐라고 하는 사람은 없습니다. 포기하면 그만입니다. 그런데 독서는 포기하고 싶은 마음을 버리게 합니다. 모든 책을 처음부터 끝까지 다 읽어야 하는 것은 아닙니다. 어떤 책은 서론만, 어떤 책은 결론 부분만 읽는 것으로 충분한 책도 있습니다. 처음엔 오기로 끝까지 읽었지만 지금은 포기하고 싶은 책을 끝까지 읽는 방법을 알았습니다.

　포기하고 싶은 마음을 견디는 것입니다.
　한 자 한 자를 읽어내며 견디다 보면 끝까지 읽게 됩니다. 이렇게 책을 통해 포기하지 않는 법을 배웠습니다. 쉽게 읽히지 않거나 내용이 모호한 책도 끝까지 읽다 보면 분명히 얻는 것이 있습니다.
　독서는 쉽게 얻고자 하는 마음을 버리게 합니다.
　무슨 일을 하다 보면 요행까지는 아니어도 좀 쉽게 얻고 싶은 마음이 생기기도 합니다. 고등학교 시절에는 대학 시험에 운 좋게 합격했으면 하는 마음이 있었습니다. 직장을 얻는 문제에서도 좀 쉽게 얻고 싶은 마음이 있었습니다. 유학 시절 공부하는 것이 너무 힘들어 쉽게 학위를 얻었으면 하는 마음도 있었습니다. 그런데 독서는 쉽게 얻으려고 하는 마음을 버리게 합니다. 힘든 책도 인내하며 읽다 보면 포기하지 않아야만 얻어지는 것이 있음을 깨닫게 합니다. 포기하고 싶은 마음과 유혹을 버리게 합니다.

세상적인 가치관이…

책을 읽으면 버리게 되는 것이 있습니다.

세상적인 가치와 판단 기준입니다.

지금 세상은 가진 것이 많을수록 가치를 인정받습니다. 어떨 때는 '어떤 가치 있는 것을 소유하고 있느냐?'가 중요하고 또 어떤 때는 '어떤 스펙을 많이 쌓았느냐?'로 판단하는 경우도 있습니다.

3포 세대부터 시작해 이제는 7포 세대라는 무서운 말이 생겨났습니다. 한동안 이태백(20대 태반이 백수)이라는 말이 신조어로 나오기도 했습니다. 지금의 청년 세대를 보면 불쌍하기 그지없습니다. 그래서 스펙이란 것을 쌓으려고 엄청난 노력을 하는 청년들을 봅니다. 부교역자들을 선발할 때 여러 사람의 이력서를 받았습니다. 그때 '이렇게 스펙 좋은 분이 지원하셨다고?'라는 생각에 깜짝 놀란 적이 있습니다. 스펙으로 보면 담임목사를 바꿔야 할 정도였습니다.

세상적인 가치와 기준은 스펙이 두꺼우면 두꺼울수록 가치가 있습니다. 그러나 책의 가치는 책의 두께와 비례하지 않습니다. 책의 두께는 책 가격에 비례할 뿐입니다.

독서는 가치를 어디에 두어야 하는지 알려줍니다.

그리고 세상적인 기준을 버리게 합니다. 엄청난 두께를

자랑해도 영향력이 없는 글이 있고 짧아도 세상을 바꾸는 글이 있습니다.

생각의 두께가 두꺼워야 좋은 사람입니다.

마음의 두께가 두꺼워야 건강한 사람입니다.

때문에 우리 교회는 부교역자를 선발할 때 "평소 책을 얼마나 읽으십니까?"라고 질문합니다. 책을 소중하게 여기는 마음과 사람에 대한 가치와 생각의 크기가 비례할 때가 많기 때문입니다.

우리도 함께 일할 동역자를 선택할 때 색다른 가치 기준을 적용한다면 좋은 사람을 만나는 기쁨을 누릴 수 있을 겁니다.

가끔 '수학 문제와 목회에는 어떤 상관관계가 있을까?'를 생각합니다.

'영어 문법과 영혼을 살리는 일이 어떤 영적인 원리가 맞닿아 있을까?'를 고민합니다.

세상의 학문과 평가 기준을 폄하하려는 것은 아닙니다.

신학교에 입학할 때 토플 점수와 영어 점수를 제출해야 했는데 만만한 점수가 아니었습니다. 물론 학문적 기본 소양에 대한 평가를 무시할 수 없지만 토플 점수와 영혼 사랑이 꼭 비례하는 것은 아닙니다.

책은 우리에게 세상의 가치를 버리고 진짜 소유해야 할 가치를 알려줍니다.

책은 우리에게 무소유를 가르치지 않습니다.

오히려 책은 더 많은 것을 가지라고 말합니다. 그리고 재물을 얻는 법을 가르쳐 줍니다. 책을 읽으면 읽을수록 재물이 생깁니다(이 부분에 대해서는 훗날 꼭 책으로 쓰고 싶습니다). 재물을 허비하지 않는 법을 가르쳐 주기에 갈수록 부요해질 수 있는 확률이 많아집니다.

그리고 책은 그 가치를 나누는 법을 가르쳐 줍니다.

정말 좋은 가치관은 소유와 무소유의 개념이 아닙니다. 소유와 무소유도 자신을 위한 가치관이 있고 상대방과 너와 우리를 위한 가치관이 있습니다. 무소유도 자신을 돋보이게 하고 자랑하는 가치관과 관점이 있습니다. 좋은 책은 자신을 위한 가치관에서 너와 우리를 위한 가치관으로 바꾸어 줍니다.

저도 처음에는 욕심으로 책을 가까이했습니다.

책이 주는 유익을 누리기 위해서 책을 읽었습니다. 이렇게 독서를 하면 책도 자신의 최상의 것을 나누어 주지 않습니다. 분명 많은 것을 알게 되었는데도 모자라는 것을 느낍니다. 이기적이고 세상적인 가치관으로 책을 가까이하면 책 안에 담겨있는 보물을 온전히 발견하지 못합니다.

책의 진짜 가치는 세상적인 가치관을 세상을 위한 가치관으로 변화시킨다는 것입니다.

세상에서 쓸모 있는 사람이 되고 싶었던 욕구는 책을 통해 세상을 위해 쓸모 있는 사람이 되고 싶은 욕구로 바뀌었습니다.

이기적이던 마음이…

독서는 이기심을 버리게 합니다.

책을 쓴다는 것은 이타심입니다.

책의 목적은 나눔입니다.

필요로 하는 누군가와 나누기 위해서 책을 씁니다.

어느 분에게 필요할지 정확히 알 수 없지만 적어도 내가 알고 있는 것을 누군가와 나누기 위한 마음으로 책을 씁니다. 그래서 책은 우리의 이기심을 버리게 합니다.

책을 읽으면 이기심이 버려집니다. 이기심은 내 것만을 움켜쥘 때 나타나는 마음입니다. 내 것을 꼭 쥐고 있으면 절대로 버릴 수 없는 마음이 이기심입니다.

그러나 책에서는 작가의 이기심을 찾아보기 어렵습니다.

책에는 작가의 모든 것이 들어있습니다.

작가는 책을 통해 모든 것을 공개하고 드러내 놓습니다.

저자의 이기심을 한 가지 꼽으라면 지금까지 자신만이 알던 노하우를 이제야 공개한다는 것입니다. 그런 이기심마저 극복해버린 것이 책이기에 책을 읽으면 이기심을 버리게 됩니다.

독서는 이타심을 갖게 합니다. 독서를 통해서 얻은 정보와 기술을 나누게 합니다.

저는 이기적인 사람입니다.

그런데 독서는 저의 이기심을 이타심으로 바꾸어 놓았습니다. 예전이라면 책을 통해서 알게 된 새로운 지식들을 혼자 간직했을 것입니다. 그러나 이제는 설교를 통해서, 목회 칼럼을 통해서 무조건적인 나눔을 합니다. 이런 마음은 독서를 통해서 배운 것입니다. 나누면 나눌수록 더 커져서 돌아오는 것을 알기에 나누게 됩니다.

이런 선순환을 경험하게 되면 더 나누게 됩니다.

기부를 생활화하는 사람들을 보면 이기심을 극복하려고 노력하지 않습니다. 이기심이 가지고 있는 힘보다 나누고 돕는 일이 주는 힘이 더 크기에 노력이 필요없기 때문입니다. 그래서 한 번 기부를 시작하면 계속 이어지는 것을 봅니다.

독서는 이기심을 극복하게 하지만 독서를 위해서는 이기심이 필요하기도 합니다. 책에 대한 이기심을 가져야 합니다. 독서의 광인들은 남의 책을 빌려 읽지 않습니다. 책을 빌려주지도 않습니다.

"책 빌리는 바보, 책 빌려주는 더 바보"라는 말이 있습니다. 자신의 책을 소유하려는 이기심 이외에 어떤 이기심도 떨쳐버릴 수 있는 힘을 주는 것이 독서입니다. 독서를 통해서 마음이 커지자 측은지심(나누고자 하는 마음)이 이기심(지키고자 하는 마음)을 이기는 것을 보았습니다.

참 신기한 것은 이기심을 버리고자 노력할 필요가 없다는 것입니다. 독서의 임계점을 지나면서 이기심도 사라졌습니다.

목회를 하면서도 저는 이기적인 목회자였습니다.

그런데 독서를 통해 마음이 넓어지면서 이기심도 없어졌습니다. 아직 포기하지 못한 이기심이 있다면 좀 더 많은 책을 소유하고 싶은 욕심입니다. '이런 거룩한 이기심은 괜찮지 않을까?'라고 생각합니다.

멈추는 능력이 생깁니다

책을 읽는 것은 멈추기 위함입니다.
게이트웨이 신학대학원(Gateway Seminary) 박사 과정에서는 신학적 성찰(theological reflection)이라는 수업이 있습니다. 이 수업의 가장 중요한 주제는 멈춤입니다. 멈추지 않으면 지금의 상황과 삶의 모습을 되돌아볼 수 없기에 멈출 수 있어야 합니다. 그리고 지금까지 살아온 삶의 방식과 사역의 모습들을 돌아보아야 합니다.

대부분의 사람은 스스로 멈추지 못합니다.

스스로 멈추지 못하는 것을 사고라고 말합니다. 스스로 멈출 수 없어 충돌하거나 부딪히면 나도 다치지만 상대방도 다칩니다. 심하면 목숨을 잃게 됩니다.

스스로 멈출 수 있어야 사고가 나지 않습니다.

멈추어 서서 자신이 어디까지 와 있는지 살필 수 있어야 합니다. 잘못된 방향이 있으면 고쳐야 합니다. 방향을 수정하고 재설정하는데 독서는 중요한 역할을 합니다. 책은 스스로가 멈출 수 있는 능력과 힘을 줍니다.

멈추지 못해 폭주하는 목회자들을 종종 봅니다. 옆에서 지켜보는 것이 불안할 때도 많습니다. 성령의 열매 중에서 가장 마지막에 절제가 있는 것은 우연이 아닙니다. 절제의 열매는 멈출 수 있는 능력입니다. 멈추게 하는 힘입니다.

독서에는 멈추게 하는 능력이 있습니다.

책을 통해서 멈추어야 할 자리를 정확히 알 수 있습니다. 지금 멈춤이 필요한 시기인지 알아보기 위해서 저는 필요할 때 독서를 합니다. 그리고 책을 통해서 답을 얻을 때까지 쉽게 결정하지 않습니다.

책을 읽지 않았다면 쉽게 결정지었을 일을 책을 읽으며 우선 멈춥니다. 책을 읽으면 또 다른 책을 읽게 됩니다. 그러면 성급하게 결정하지 않을 수 있는 시간적인 여유가 생깁니다.

멈추기 위해서는 멈춰야 한다는 위기의식을 느껴야 합니다. 아무런 위험을 느끼지 않는데 멈출 이유는 없습니다. 멈추어 서서 보면 비로소 보이기 시작하는 것이 있습니다.

저는 산책을 하다가 멈추어 설 때가 종종 있습니다.

자동차를 타고 질주하며 보는 것과 산책을 하다가 멈추어 서서 보는 것은 분명 다릅니다. 멈추어 서서 보면 평소 보이지 않던 것들이 보이기 시작합니다. 나무가 보이고 꽃이 보입니다. 길옆의 강아지나 고양이의 배설물도 보입니다. 어느 날인가는 네 잎 클로버도 보았습니다. 멈추어 서서 자세히 봐야만 보이는 것들이 있습니다.

개척 교회를 시작한 지 10년.

코로나바이러스는 모든 것을 강제로 멈추게 했습니다. 10주년이 되면 제가 먼저 멈추어서 보려고 했는데 코로나바이러스가 먼저 멈추게 했습니다. 만약 독서를 하지 않았다면 이 멈춤 때문에 적잖게 당황했을 것입니다. 그러나 개척 10주년(2021년 3월)이 되면 멈추려고 계획하고 있었기에 이 멈춤이 당황스럽지 않습니다. 제가 멈추려고 했던 시기보다 조금 앞당겨진 것 뿐입니다.

독서는 멈춤의 시기에 해야 할 일이 무엇인지를 알려줍니다.

우리가 접할 수 있는 정보의 양은 한계가 있습니다.

만날 수 있는 사람도 한계가 있습니다.

독서를 지속적으로 해 온 분들은 멈춤의 시간에 해야 할 일이 무엇인지 분명히 알고 있습니다. 저는 이렇게 멈추어진 시간에 두 가지를 했습니다. 하나는 목회학 박사 과정 공부를 시작한 것이고 또 한 가지는 글쓰기를 시작한 것입니다. 두 가지 모두 독서가 가르쳐 준 길잡이입니다.

가던 길을 멈추면 누구나 당황스럽습니다.

특히 멈추려는 준비 없이 멈추었다면 방향성을 잃어버릴 수 있습니다. 지속적인 독서는 멈춤의 시간에 무엇을 해야 할지 방향을 가르쳐 줍니다.

멈춤의 시기에는 다시 시작하기를 준비해야 합니다.

가던 길을 계속 갈 것인지?

가던 길에서 돌아설 것인지?

다른 길을 갈 것인지?

멈춤의 시간은 영원하지 않습니다. 때문에 멈춤에서 중

요한 것은 영원이 아니라 잠시 멈춤입니다.

처음 미국에서 운전을 할 때 당황스러웠던 것은 멈춤 (Stop) 표지판이었습니다. 주로 도심의 뒷골목 같은 작은 이면 도로 사거리에 이런 표지판이 있습니다.

미국의 stop 표지판

우선멈춤 표지판이 나오면 멈추어야 합니다. 그리고 좌우를 살핀 후에 다시 운행해야 합니다. 처음엔 이 표지판이 익숙하지 않아 상대방 차를 먼저 보내지 않고 먼저 출발하거나 제 차례가 되었는데도 출발하지 않아 뒤차에 민폐를 끼치기도 했습니다.

멈춤(Stop) 표지판에서의 멈춤은 영구적인 멈춤이 아니라 일시적인 멈춤입니다. 좌우를 살피고, 가야 할 길을 살피고, 주변 차량의 흐름을 살피고 곧 나도 다시 출발하기 위해 우선 멈춘 것입니다.

독서는 나만의 독선을 우선 멈추게 합니다.

나의 고집도 우선 멈추게 합니다.

나만의 생각도 우선 멈추게 합니다.

주변 차량의 흐름도 살피고 좌우, 사방팔방을 살피게 합니다.

다시 시작하는 능력

독서를 통해서 변화되는 것 중 중요한 것은 다시 시작하는 용기입니다.

우리는 순간순간 다시 시작해야 하는 순간을 맞이합니다.

저는 이민을 오면서 그동안 살아온 삶의 뿌리를 옮기는 순간을 맞았습니다. 30년 가까이 살아온 터전을 버리고 새로운 곳에서 다시 시작해야 하기에 용기와 도전이 필요했습니다. 그때 책이 용기를 주었습니다. 저는 책을 통해 저보다 먼저 이민 온 많은 사람들이 새로운 환경과 낯섦에 용기 있게 도전하는 것을 깨달았습니다.

세상은 성공하기 위해 다시 시작하라고 합니다. 그러나 책은 성실하면 언제든지 다시 시작할 수 있다고 말합니다.

다시 시작하려는 사람에게는 두려움이 있습니다.

낯섦이 있습니다.

가보지 않은 것에 대한 근심과 걱정이 있습니다.

처절한 실패와 좌절을 겪은 사람에게 다시 시작하는 것은 어려운 일입니다. 실패에 대한 두려움과 불확실성을 가지고 있기에 시작이 어렵고 시작을 해도 또다시 실패합니다.

다시 시작하는 사람에게는 지혜가 필요합니다.

다시 시작할 수 있는 지혜가 필요합니다.

다시 시작하려는 사람에게 지혜는 분별력입니다.

'언제, 무엇을, 어떻게 다시 시작할 수 있는가?'에 대한 지혜가 필요합니다. 독서는 우리에게 지혜를 줍니다. 독서는 새롭게 시작하려는 이들에게 올바른 선택과 판단을 제공합니다. 새롭고 멀리 보는 눈을 제공합니다. 책은 다시 시작하려고 시도하는 것을 겸손히 배울 수 있도록 길을 제공합니다.

다시 시작한다는 것은 여러 갈래의 갈림길이나 분기점에 서 있다는 뜻이기도 합니다. 이런 갈림길과 분기점에 서 있을 때 우리는 선택해야 합니다. 갈림길과 분기점에서 가고자 하는 방향을 온전히 알려 주는 것은 표지판입니다. 어두울 때는 표지판을 비추고 있는 가로등 불빛을 정확히 봐야 합니다.

독서는 우리에게 표지판, 가로등과 같은 역할을 합니다. 독서를 통해 정확한 표지판을 분명하게 읽어내는 능력을 배울 수 있습니다. 이렇게 배우고 나면 또다시 갈림길과 분기점을 만났을 때 분명한 방향과 위치를 읽어낼 수 있습니다. 이것은 지금 우리에게 가장 필요한 능력입니다. 코로나 사태 이후 우리는 뉴노멀 시대를 맞이할 것입니다. 그때 분명하고 정확하게 읽어내는 능력이 필요합니다. 일일 일독은 우리에게 읽어내는 능력을 가르쳐 줍니다.

다시 시작하려는 이들에게 독서는 분기점에서 표지판 또는 가로등과 같은 역할을 합니다. 새롭게 시작하려면 새로운 장소에서부터 시작해야 합니다. 독서는 우리를 새롭게 시작하는 장소로 인도해 줍니다.

다시 시작하려면 지금까지의 모든 관성이나 타성으로부터 벗어나야 합니다. 관성 혹은 타성이란 말은 건성이란 말과 비슷합니다. 관성의 힘이란 새로운 에너지를 주지 않으면서 지금까지 살아온 삶을 유지하는 힘입니다. 대표적인 관성의 힘은 시계 추입니다. 왔다 갔다를 무한 반복하지만 시계 추의 궤도는 바뀌지 않습니다. 이런 관성은 변화를 거부합니다. 그리고 관성이 굳어지면 타성이 됩니다.

반면 타성은 건성이 되기 쉽습니다.

건성이란 말은 집중하지 않음을 말합니다. 건성건성 끝낸 일은 훗날 다시 해야 할 가능성이 많습니다. 타성으로 시작하여 건성으로 점철된 삶을 깨부수고 다시 시작하려면 관성의 힘을 멈추게 하는 힘이 필요합니다. 이 힘은 외부로부터 시작되어야 합니다.

책은 관성과 건성을 깨부술 수 있는 새로운 관심과 힘을 줍니다. 대부분의 책이 그런 관심에서부터 시작되었습니다. 새로운 시작은 변화와 변신과 함께할 때 가능합니다. 변화와 변신이 없는 시작은 또 다른 타성과 관성일 뿐입니다.

새로운 변화를 위해…

우리는 늘 새로운 변화와 삶을 꿈꿉니다.

새로운 꿈과 변화를 잃어버리는 순간 우리는 더 이상의 성장을 기대하기 어렵습니다. 요즘처럼 급변하는 세상 속에서 살아남으려면 변화를 두려워해서는 안 됩니다.

"2017년 직장인 602명을 대상으로 한 조사 결과를 보면 '평소 자기 계발에 대한 강박감을 느끼는가?'라는 질문에 직장인의 84%가 그렇다고 대답했다. 이미 평생직장이 사라지고 평생직업을 찾는 시기에 코로나19는 디지털을 통해 어떻게 자신의 가치를 계속해서 높일 수 있을 것인가를 고민하게 만들었다."-「언택트 비즈니스」(박경수 저, 포르체 p128)

코로나19사태로 사람들은 변화해야 한다는 것을 알게 되었습니다. 코로나 사태 이전에도 새로운 변화가 필요하다는 것을 알고 있었습니다. 그러나 코로나 사태 이후에 새로운 변화는 선택이 아닌 필수가 되었습니다.

변화하는 세상 속에서 독서는 변화를 이끌어 줍니다.

새로운 변화에는 새로운 정보가 필요합니다. 독서는 우리에게 다양한 정보를 제공합니다. 새로운 변화의 길은 책 속에 있습니다.

갓 태어난 아이가 볼 수 있는 거리는 대략 20-30cm 정도입니다. 우리가 편안하게 책을 읽는 거리가 엄마의 젖을 먹는 거리와 유사합니다. 아이가 엄마 젖을 힘 있게 먹어야 성장할 수 있듯이 책과의 거리를 유지하면 우리 역시 새로운 변화의 생명을 얻을 수 있습니다. 독서는 변화를 위해서는 선택이 아니라 필수입니다.

세계적인 첼리스트 장한나 씨는 우리에게 변화에 대한 도전을 느끼게 합니다. 세계적인 리더십 작가 존 맥스웰은 장한나 씨의 변화를 소개했습니다. 이미 세계적인 첼리스트였던 그녀가 지휘자로 멋지게 변신한 사례는 끊임없이 변화하지 않으면 안 되는 삶에 대해 설명해 주고 있습니다.

지구상에서 빠르게 변화하고 있는 나라 중 하나가 바로 대한민국입니다. 우리는 경제적인 변화도 빠르게 성공한 나라입니다. 정치적인 변화도 급격하게 일어나고 있는 나라입니다.

미국에는 전 세계의 IT 기술을 선도하는 기업이 많이 있지만 실생활에서 빠르게 변화하는 나라는 대한민국입니다. 대한민국의 인터넷 보급률은 가구 기준으로 보면 99%에 이릅니다. 스마트폰 보급률은 무려 95% 이상으로 이미 확고한 세계 1위입니다. SNS 이용률은 약 50%에 이르며 하루에 소셜미디어를 사용하는 시간이 평균 1시간을 넘었다는 통계가 있습니다. 이렇게 인터넷 및 IT 최강인 대한민국이지만 국민 독서 실태 현황은 안타깝습니다.

문화체육관광부가 2019년 3월에 발표한 국민 독서 현황 실태를 살펴보면 2018년 10월부터 2019년 9월까지 대한민국 성인이 읽은 종이책 독서율은 52.1%(지난 1년간 일반 도서를 2권 이상 읽은 사람의 비율), 독서량은 6.1권, 책을 읽은 시간은 31.8분이었습니다.
언뜻 어느 정도의 독서량인지 가늠하기 어렵습니다.
비슷한 시기 UN이 발표한 선진국의 현황을 살펴보면 미국인 연간 독서량 79.2권, 일본인 73.2권, 프랑스인 70.8권으로 한국인의 독서량은 192개국 중 166위로 하위권에 해당합니다.

인터넷과 스마트폰 보급률이 세계 1위인 것에 비해 독서량은 최하위 수준에 머물러 있습니다. 이것은 정보의 대부분을 스마트폰이나 소셜미디어를 통해서 얻고 있다는 것을 의미합니다. 그런데 우리 국민이 독서를 하지 못하는 이유 1위는 '시간이 없어서'였습니다. 우리는 인터넷과 스마트폰은 세계 1위로 사용하면서 종이책에 시간을 투자하는 것은 야속한 민족이 되었습니다.

소셜미디어와 책은 정보를 받아들인다는 면에서 비슷합니다. 그러나 사색 없는 검색으로 삶이 변화되는 경우는 드뭅니다. 특별히 사색이 필요 없는 정보의 알고리즘은 그 흐름을 그대로 따르도록 설정되어 있어 변화를 위한 지적 자극을 찾아보기 어렵습니다. 결국 책을 손에 쥐고 추론, 사유, 음미, 상상, 사색, 의미 부여와 같은 노력이 우리를 변화시킵니다. 새로운 변화를 꿈꾸기 위해서 독서가 반드시 필요한 이유입니다.

가정의 변화가

목회자의 가정에는 늘 설명할 수 없는 긴장감이 흐릅니다. 이런 긴장감은 글로 설명하기 어렵습니다.

목회자는 설명하기 어려운 긴장감(스트레스) 속에 살아갑니다. 매일 설교와 성경 공부를 합니다. 금요 예배와 주일 설교 준비로 분주합니다. 평균 매주 여섯 번 정도의 정기적인 설교와 세 번의 일대일 비정기적인 심방 그리고 모임을 갖습니다. 그러다 보니 늘 긴장을 유지하며 살아갑니다.

아내와 아이들은 목사인 남편, 아버지의 눈치를 살핍니다. 교회에 문제가 발생하거나 성도들과의 사이에서 문제가 생기면 목회자가 경험하는 스트레스는 상상을 초월합니다. 목회자는 그런 스트레스를 고스란히 가지고 집으로 향합니다.

저의 경우 아내와 자녀(두 딸)에게 스트레스를 풀지는 않지만 좋지 않은 마음으로 집에 들어가면 가족들은 제 표정을 읽고 각자의 방으로 들어갑니다. 그때부터 가정에는 냉기가 흐릅니다.

사모와 목회자 자녀들은 극한의 스트레스를 공유할 때가 많습니다.

이민 목회는 하루 앞을 예측하기 어려울 때가 많습니다.

제가 목회자이기에 목회자 가정을 예로 들었지만 많은 가정이 비슷한 상황일 것입니다. 부모는 생업에서 받는 스트레스, 자녀는 학업의 스트레스가 상상을 초월합니다.

책 읽기는 이런 가정의 어려움을 변화시킵니다.

책 읽기와 묵상, 기록, 산책, 독서, 토론 등은 자연스럽게 가정의 변화를 이끕니다.

저는 집에 돌아오면 그날 읽은 책을 다시 묵상하고 기록합니다.

저녁 시간에는 산책을 합니다.

산책을 하는 동안 묵상, 대화와 토론, 정리, 육체의 운동 등을 통해 쌓인 스트레스가 자연스럽게 날아갑니다.

책을 읽어버리면서 스트레스까지 함께 날려버리게 되었습니다. 아내도 제게 책을 추천해 달라고 합니다. 웨딩 사업을 하는 아내에게는 경영, 자기 계발, 경제에 관한 책들을 추천합니다. 아내도 제가 추천한 책을 열심히 읽습니다. 책을 읽은 후 책을 읽으면서 느낀 점을 이야기합니다.

책을 읽은 후에는 자신이 느낀 점을 이야기하면서 서로의 관점을 나누고 의견을 조율하면서 각자의 시야를 넓혀 나가기도 합니다. 저와 아내는 책을 읽은 후 건전한 비판과 대화를 나누는 시간이 많아졌습니다.

독서는 코로나바이러스로 인해 함께하는 시간이 많아진

요즘 가장 강력한 힘을 발휘합니다. 지난 3월부터 시작된 강제적인 활동 규제로 집에 있는 시간이 늘었고 이로 인해 각 가정에는 많은 변화가 생겼습니다. 저 역시 아내, 아이들과 집에서 보내는 시간이 강제적으로 많아졌습니다. 우리는 자연스럽게 책을 읽습니다. 저도 책을 읽고 아내도 책을 읽습니다. 큰 아이, 작은 아이도 책을 읽습니다.

우리 집에서는 책을 읽는 것이 자연스러운 일입니다. 부모가 책을 읽는 것을 자연스럽게 보고 자란 아이들은 대략 하루에 200페이지 정도의 책은 규칙적으로 읽습니다. 저 역시 아이들에게 책을 읽으라고 강요하지 않습니다. 다만 아이들이 읽고 있는 책의 내용과 느낀 점을 자연스럽게 나눌 뿐입니다.

거실에도, 방에도, 2층 복도에도, 아이들 방에도 손만 뻗으면 언제나 책이 있습니다. 책과 자연스럽게 접할 수 있게 해주었을 뿐인데 아이들은 책을 좋아합니다. 한 번은 학교 선생님들이 "아이들에게 책을 그만 읽게 하라"는 내용의 가정 통신문을 보냈습니다. 아이들이 너무 책을 읽으니까, 선생님은 우리 부부가 강압적으로 책을 읽힌다고 오해했습니다.

독서가 아이들에게 미치는 영향은 실로 놀랍습니다.
강요하지 않아도 아이들은 읽어야 할 책을 스스로 찾습

니다. 자신이 지원하고 싶은 대학에서 요구하는 책이 무엇인지 미리 알아보고 독서 계획을 세웁니다.

미국의 고등학교에서는 AP 과목이 있습니다.

AP 과목은 고등학교에서 대학 과목을 미리 수강하는 제도입니다. 미국 대학을 2년 만에 마쳤다고 말하며 마치 천재나 수재처럼 말하는 유학생들의 이야기를 종종 듣습니다. 물론 AP 과목은 우수한 학생이어야 들을 수 있습니다. 그러나 천재나 수재가 아니더라도 계획된 도서 읽기와 훈련을 하면 얼마든지 미국 학교 시스템에서 AP 과목을 수강할 수 있습니다. 다만 AP 과목을 들으려면 읽기와 글쓰기 수준은 어느 정도 훈련이 되어 있어야 합니다. 꾸준한 책 읽기에 익숙한 아이들은 AP 과목이 요구하는 읽기와 쓰기에 이미 익숙해져 있습니다.

코로나 사태로 인해 아이들은 온라인 수업을 합니다.

한 번도 경험하지 않은 온라인 수업에 대해 많은 부모들이 걱정을 합니다. 저 역시 온라인 수업으로 인해 걱정이 많았습니다. 그러나 책 읽기가 생활화된 아이들은 늘 그래 왔듯이 책 읽기와 함께 온라인 수업도 잘 적응했습니다.

온라인 수업의 가장 큰 문제는 아이들의 집중력입니다. 사람의 집중력이란 것은 믿을 것이 못 됩니다. 저도 목회학 박사 과정을 온라인으로 수강하고 있습니다. 솔직히 학습의 집중력이 현저히 떨어집니다. 이렇게 떨어지는 집중력으로 인해 학습 저하가 우려되는 것도 현실적인 문제였습니다. 그래서 필요한 것이 독서입니다.

학교와 교회가 폐쇄되어 집에 있는 시간이 많은 요즘, 아이들이 온라인 수업을 하는 동안 독서와 글쓰기를 했습니다. 책을 읽는 부모의 영향력은 매우 놀랍습니다. 아이들에게 공부하라고 백 번 말하는 것보다 말없이 책을 읽는 것이 수천 배의 효과를 가져옵니다.

읽은 책의 내용을 두 딸에게 짧지만 분명하게 설명해 줍니다. 대부분 아이들이 관심 없어 하다가 때때로 반응과 호기심을 보이기도 합니다. 어느 날 「수학이 필요한 순간」(김민형 저, 인플루엔셜)와 「다시 수학이 필요한 순간」(김민형 저, 인플루엔셜)라는 책을 읽었습니다. 한글에 익숙하지 않은 아이들이지만 수학의 도식과 기호들은 공통적인 언어이기에 아이들이 호기심을 갖기 시작했습니다(두 아이는 지금 고등학교에 재학 중입니다).

아이들은 "수험생도 아닌 아빠가 수학책을 왜 읽냐?"라고 물었습니다. 저는 아이들에게 한국에서 공부한 이야기, 0교시 수업, 야간 자율 학습, 3당 4락, 수학 성적이 좋지 못해 좋은 대학에 가지 못했던 저의 학창 시절에 대해서 이야기해 주었습니다. "수학을 잘 하고 싶었는데 이 책처럼 가르쳐 주지 않아서 수학에 흥미를 잃었다"라고도 설명했습니다. 그리고 수학이 참 재미있는 학문이라고 설명했습니다.

세상의 많은 이론들이 수학을 기초로 한다는 것도 말해 주었습니다. 컴퓨터 공학이나 경제 이론도 사실 수학에 기초하고 있음을 말해주었습니다. 이후 아이들은 수학을 단순한 문제 풀이로 이해하지 않고 원리와 사고라는 개념을 스스로 깨치기 시작했습니다. 제가 단 한 번도 수학 문제 풀이를 가르쳐 주지 않았는데도 두 아이는 수학을 이해하고 재미있어 합니다. 이 또한 일일 일책을 통해서 경험하고 있는 즐거움입니다.

성도들의 변화

독서는 가정뿐만 아니라 교회와 성도들의 삶에도 선한 영향력을 끼칩니다.

저는 책을 소개하지는 않습니다. 설교 중에도 책에 대한 내용을 가급적 이야기하지 않습니다. 그런데 독서는 참 능력이 있습니다. 물이 조금씩 조금씩 담겨 결국 댐에 물이 차듯이 임계점이 넘어서면 설교와 삶과 목회에 독서의 영향력이 조금씩 흘러넘칩니다.

성도들의 삶에도 영향력이 흘러 성경과 책을 가까이하는 성도들이 늘어나는 것을 봅니다. 그 시점에서부터 교회에도 새 가족이 조금씩 늘기 시작했습니다. 성경을 읽고 책을 읽는 일을 강조하지 않아도 성경을 읽고 책을 읽어야 한다는 공감대가 형성되는 것입니다.

모든 독서가 교회 부흥과 연관성이 있다는 것을 밝히려면 좀 더 학문적인 연구가 필요합니다. 그러나 분명 독서는 영혼을 부흥시킵니다. 내 영혼에 가득 찬 영감과 생명을 줍니다. 이런 생명이 교회와 성도들에게도 분명 좋은 영향력으로 흘러가기 마련입니다.

진정한 부흥을 원한다면 무엇보다 성숙하고 성장한 목회자의 영혼이 선행되어야 합니다. 기도와 말씀, 묵상, 거룩한 독서가 목회자의 영혼을 성숙하게 합니다. 기도와 말씀, 묵상과 거룩한 독서 없이 성장한 교회는 어느 시점에서 그 균형을 잃어버리기 마련입니다.

부흥하던 한국 교회에 어려움이 시작되었을 때 목회자들이 치열한 책 읽기를 시작했더라면 어쩜 한국 교회의 그 불균형의 모습을 극복할 수 있었을 것입니다. 시대가 변하면서 다행스러운 것은 교회 성도들의 학력과 지적 수준이 이제는 보편적인 수준 이상이 되었다는 것입니다. 그래서 목회자들에게는 거룩한 독서가 더욱 필요합니다. 거룩한 독서는 목회자들의 영혼을 성숙하게 합니다.

탁월한 목회자로 태어나는 분도 있습니다.
그들의 탁월한 언변과 목회를 볼 때면 부럽고 때로는 질투도 납니다. 언젠가 하나님께 "왜 저를 탁월한 목회자로 부르지 않으셨나요?"라고 따져 물은 적도 있습니다.
독서를 통해서 깨달은 한 가지는 탁월함은 태어남이 아니라 선택의 문제일 수도 있다는 것입니다. 하지만 탁월함을 선택하기 위해서는 반드시 독서를 선택해야 합니다.
독서는 우리를 탁월한 사람으로 만듭니다.
정확하게 말하자면 독서는 우리를 탁월하게 만드신 하나님의 계획을 가르쳐 주고 깨워줍니다. 그 탁월함을 어떤 방법으로 깨워야 하는지를 몰랐을 뿐입니다.

성도들을 사랑하는 만큼 책을 가까이하면 결국 그 모든 혜택은 성도들에게 돌아갑니다. 물론 우리는 성도들을 돌보고 성도들의 필요를 채우는 시간이 필요합니다. 그러나 때로는 성도들에게 불필요할 만큼 과한 시간을 빼앗겨 목회자들이 탈진하는 것을 봅니다.

영혼을 새롭게 하는 데는 두 가지가 있습니다.
독서와 여행입니다. 독서와 여행이 영혼을 채우는 이유는 낯섦을 경험하기 때문입니다. 낯섦은 새로운 것을 채워줍니다. 목회자들이 쉽게 탈진하는 것은 쳇바퀴 돌듯이 경험하는 일상에서 모든 에너지를 빼앗기기 때문입니다.

목회자들은 성지 순례 이후 또는 휴가 이후에 신선하게 설교하거나 새로운 관점으로 설교합니다. 이때 가장 먼저 느끼는 사람은 성도입니다.

목회자들이 책을 읽기 시작하면 이를 못마땅하게 여기는 성도들이 생겨납니다. 그들의 비난을 이기고 책을 읽어야 합니다. 그들의 비난을 견디지 못하면 결국 몇몇 불평하는 성도들로 인해 모든 성도들과 교회가 더 큰 어려움에 직면하게 됩니다. 임계점에 이르기까지 독서를 멈추게 하려는 불평은 계속됩니다. 그러나 그 어려움을 이겨야 합니다. 그 어려움을 이기면 독서의 혜택은 고스란히 성도들에게 돌아갑니다.

독서는 결국 성도들을 설득하게 합니다.

그리고 독서하는 목회자의 결정이 옳았음을 인정하는 날이 올 것입니다. 일일이 붙들고 설득할 필요도 없습니다. 임계점에 이르면 책이 스스로 일합니다. 그 책들이 스스로 일하며 성도들을 찾아가 필요를 채워줍니다.

책을 읽다 보면 그 책이 필요한 성도가 누구인지 책이 말해줍니다. 성도의 필요와 요구가 무엇인지 알려줍니다. 표면적으로 보이는 문제들뿐 아니라 교회와 목회자를 어렵게 하는 진짜 문제가 무엇인지를 보여줍니다. 진짜 문제가 무엇인지를 볼 수 있어야 영혼을 도울 수 있습니다. 목회자가 성도와 교회의 모든 것을 알 수 없기에 독서가 가르쳐주는 답이 영혼을 살리는 것을 봅니다.

목회자는 영혼을 담을 수 있는 그릇이 커야 합니다.

그릇의 크기만큼만 영혼을 담을 수 있기 때문입니다. 그리고 영혼의 그릇 크기는 바로 목회자의 역량이 됩니다. 거룩한 독서는 영혼의 그릇을 크게 만듭니다.

코로나바이러스 사태로 인해 큰 교회 건물, 많은 재정, 출석 성도의 숫자로 목회자의 크기를 결정하던 시대는 끝을 맺게 될 것입니다. 코로나바이러스 사태로 모든 것이 변화되고 있지만 독서의 중요성은 오히려 더 필요하게 되었습니다.

진짜 변화가 필요한 시대

코로나바이러스는 원하든 원하지 않든 수많은 변화를 가져왔습니다. 짧은 시간에 이렇게 강렬한 변화를 가져온 것은 코로나바이러스가 처음일 것입니다. 변화에 대처하지 못한 기업과 비즈니스 교회들은 어려움에 직면해 있습니다. 아직도 온라인 예배가 신학적인 것인지 논쟁하는 것은 어리석은 일입니다. 종이책으로 읽어야 하는지 이북 (E-Book)으로 읽어야 하는지 고민할 때도 아닙니다.

우리는 변화의 필요성을 이야기합니다. 하지만 실질적으로 변한 것은 많지 않습니다. 그 이유는 변화를 위한 행위를 아무것도 하지 않기 때문입니다. 무엇이라도 시작하면 변화는 반드시 일어납니다.

앞으로는 변화에 적응하는 교회와 목회자만이 살아남을 것입니다. 이미 변화가 시작되었는데 행동하지 않으면 바보가 됩니다.

독서는 우리가 분명하게 변할 수 있는 가장 좋은 방법입니다. 독서만큼 분명한 변화를 가져오는 것은 없습니다. 저는 신비주의자가 아닙니다. 그러나 독서는 신비합니다. 지금까지 변화되지 않던 저의 많은 부분들이 독서를 통해 변화되었기 때문입니다.

저는 몇 해 전부터 주변 사람들에게 독서의 중요성과 필요성에 대해 이야기하고 있습니다. 독서를 통해서 경험한 좋은 점들을 함께 나누면서 '변화를 원하는 사람은 독서를 한다'라는 사실을 알았습니다.

우리는 책값에 너무 인색합니다. 하지만 독서를 위해서는 책을 구입하는데 인색하지 말아야 합니다. 누군가는 " 생활비가 없어서 당장 밥을 굶어도 책을 읽어야 하냐?"라고 물을 수도 있습니다.

저는 교회를 개척하면서 4년 동안 일정한 사례를 받지 못했습니다. 힘겹게 파트타임으로 일을 하면서 교회를 개척했습니다. 미국에서 한국 책을 구입하려면 한국보다 최소 1.5배의 값을 치러야 합니다. 매번 고민할 수밖에 없는 도서 구입이었지만 독하게 마음을 먹었습니다.

제가 책을 읽고 나서 가장 먼저 일어난 일은 공과금 연체료가 사라졌다는 것입니다. 돈이 많아져서가 아닙니다. 바쁘고 시간이 없어 때로는 납기일 내에 공과금을 내지 못할 때가 있었습니다. 그러나 지금은 그렇지 않습니다. 연체료 한 번이면 책 한 권을 더 구입할 수 있기 때문입니다. 독서가 돈을 벌어 주었습니다.

또 책 구입을 위해 불필요한 지출을 줄일 수 있었습니다. 사례가 주어지면 우선 십일조와 책을 구입할 그달의 지출을 산출합니다. 이렇게 하면 불필요한 지출이 줄어듭니다. 그렇다고 해서 구두쇠가 된 것은 아닙니다. 제가 읽은 책 중에 감동받은 책들은 선물하기도 하고 사역자들과 함께 공부하기도 합니다. 심방할 때 책을 선물하기도 합니다. 오히려 더 많은 것을 나누며 살아갈 수 있게 되었습니다.

아프리카에도 책을 보냅니다. 책이 필요하다는 곳은 어

느 곳도 마다하지 않고 책을 선물합니다.

화가 날 때면 가장 먼저 책을 손에 듭니다.

화가 나는 말, 상대방에 대한 불평을 쏟아놓기 전에 책을 재빠르게 읽습니다. 그러면 어느덧 제 안에 있는 분노와 노여움이 사라지고 그 자리에는 책이 주는 기쁨이 자리합니다.

코로나 블루라는 신종 단어의 등장과 함께 많은 교회들이 두려움, 황당함, 황망함, 짜증, 고립, 외로움 등과 같은 우울감에 시달리고 있습니다. 만약 저도 책 읽는 습관을 들이지 않았다면 아내와 아이들에게 많은 어려움을 남겼을 것입니다.

오늘도 제 백팩 안에는 두 권의 책이 들어있습니다.
경제 관련 책과 뇌 과학 관련 책입니다.
책을 읽은 후 가장 먼저 생긴 변화는 자신감입니다.
잘난 체가 아닌 앎이 주는 자신감이 생겼습니다.
우리는 미래를 장담할 수 없는 시대에 살고 있습니다.
오직 책 속에 길이 있고 방법이 있습니다. 책은 고립된 우리의 삶에 길을 열어주고 새로운 방법과 변화를 가져다줄 것입니다.

열혈 독서의 문을 닫으며

예전에는 책을 쓰겠다는 생각을 하지 못했습니다.

가장 큰 이유는 좋은 책은 이미 다 나왔다고 생각했기 때문입니다. 그런데 제가 책을 읽으면서 경험한 것은 유일하다는 것을 깨달았습니다. 이제라도 독서를 시작하려는 분들에게 조금이라도 도움이 된다면 제 경험을 글로 남겨야겠다는 생각으로 도전했습니다. 그리고 멘토 목사님께서 "글을 써야 한다"라고 매일매일 몰아붙인 이유도 있습니다.

「열혈 독서」를 쓰며 제게 일어난 가장 큰 변화는 뻔뻔함입니다. 제 글을 아내에게 먼저 읽게 한 후 "잘 썼다"라는 말을 들은 후에야 컴퓨터에 저장했습니다. 아내는 제 심기를 건드리지 않기 위해 대부분 "좋다"라고 말합니다. 아내는 제가 모르는 줄 알지만 저는 이미 알고 있습니다. 아내의 표정에서 숨길 수 없는 가벼움을 눈치챘기 때문입니다.

책을 2,000권쯤 읽었을 때 이상한 느낌을 받았습니다.

책을 읽는 것이 전처럼 시원하거나 기쁘지 않았습니다. 그 기쁨과 감동을 다시 얻으려고 책 읽기에 몰두했지만 잠시뿐이었습니다. '슬럼프가 왔나?'라고 생각했습니다. 그게 슬럼프인지도 몰랐지만, 더 큰 문제는 어떻게 벗어나야 하는지도 몰랐습니다. 그런 중에 책을 쓰게 되었습니다.

글을 쓰면서 깨달았습니다.

먹기만 했으니 변비가 올 수밖에 없다는 것을….

내려보내지 않으면 토하고 만다는 것을 알았습니다.

소화가 덜 되어 표현이 거칠고 부족한 글입니다. 하지만 속이 시원합니다. 찜찜함도 없습니다. '뒤돌아보지 않으면 그만이다'라고 뻔뻔하게 대처하기로 했습니다.

글을 쓰면서 글을 쓰는 것이 또 다른 독서라는 것을 알았습니다. 글을 쓰면서 제가 쓴 글을 읽고 또 읽었습니다. 글쓰기가 또 다른 독서였다니….

글을 쓰면서 독서가 새로운 영역으로 확장되는 것을 보았습니다. 확장은 4차 산업 시대에 가장 중요한 개념 중 하나입니다. 독서가 새로운 확장성을 가져다주었습니다.

쓰기는 새로운 독서입니다.

필사로부터 시작된 쓰기를 굴리고 굴렸더니 눈덩이가 굴

러가듯 제법 불어났습니다. 이렇게 불어난 글들을 세상에 내놓습니다. 그 안에는 불필요한 것들도 제법 들어있고 의도치 않은 것들도 함께 굴러들어와 있습니다. '못 난 소나무가 선산을 지킨다'는 말처럼 부족함이 있어도 필요한 글들이고 이로 인해 분량이 채워졌습니다.

다음번에 글을 쓴다면 지금보다 더 나아지겠지만 그것은 두 번째일 것이기에 결국 이번 글들이 기억 속에 오래 남을 듯합니다.

2,000권이든 3,000권이든 5,000권이든 숫자가 중요하겠습니까? 숫자에 개의치 않고 오랫동안 독서하고 싶습니다. 그런 다짐과 함께 글을 마무리합니다. 그리고 일일 일책은 계속됩니다.

함께 열혈 독서를 하고 싶은

박종순 목사

망망한 바다 한가운데서 배 한 척이 침몰하게 되었습니다.
모두들 구명보트에 옮겨 탔지만 한 사람이 보이지 않았습니다.
절박한 표정으로 안절부절 못하던 성난 무리 앞에 급히 달려 나온 그 선원이
꼭 쥐고 있던 손바닥을 펴 보이며 말했습니다.
"모두들 나침반을 잊고 나왔기에… "
분명, 나침반이 없었다면 그들은 끝없이 바다 위를 표류할 수 밖에 없을 것입니다.

우리는 삶의 바다를 항해하는 모든 이들을 위하여
그 나침반의 역할을 하고 싶습니다.
우리를 구원하신 위대한 주 예수 그리스도를 널리 전하고 싶습니다.

"하나님은 모든 사람이 구원을 받으며
진리를 아는 데에 이르기를 원하시느니라"
(디모데전서 2장 4절)

열혈 독서

지은이 | 박종순 목사
발행인 | 김용호
발행처 | 나침반출판사

제1판 발행 | 2021년 3월 20일

등   록 | 1980년 3월 18일 / 제 2-32호
본   사 | 07547 서울특별시 강서구 양천로 583
          블루나인 비즈니스센터 B동 1607호
전   화 | 본사 (02) 2279-6321 / 영업부 (031) 932-3205
팩   스 | 본사 (02) 2275-6003 / 영업부 (031) 932-3207
홈   피 | www.nabook.net
이   멜 | nabook365@hanmail.net
일러스트 제공 | 게티이미지뱅크

ISBN 978-89-318-1607-5
책번호 다-3014

값은 뒤표지에 있습니다.